多文化教育の
国際比較

世界10カ国の教育政策と移民政策

松尾知明

明石書店

はじめに

多文化共生のシナリオ
——多文化教育の国際比較の視角

　BREIXT という造語が世界を席巻した。英国は、EU 離脱を問う国民投票の結果、離脱派が僅差で過半数を獲得し、一つのヨーロッパとして長年寄り添ってきた EU と袂を分かつことになった。アメリカ合衆国（以下、アメリカ）では、おおかたの予想を裏切り、共和党のトランプ氏が大統領に選出された。アメリカ第一主義を主張し、「メキシコとの国境に壁を築く」「イスラム教徒の入国を制限する」など差別的な言動でメディアを賑わし続けている。ヨーロッパ諸国ではまた、イスラム国（Islamic State: IS）によるテロが頻発する中で、移民 [1] や難民が偏見や差別の対象となる一方で、ナショナリズムをあおる極右政党の躍進が続いている。こうした世界情勢をみると、これまで醸成されてきた人権の理想や文化が少しずつ掘り崩されているように感じられる。人類の歴史の中で進展してきた多文化の共生に向けたプロジェクトは危機的な状況にあるといえる。

　グローバル化や知識社会の進展に伴い、新自由主義的な政策が浸透し社会的格差が拡大する中で、経済の不均衡や貧困は、移民や難民を増加させ、テロの激化等を助長している。前述した英国の国民投票やアメリカの大統領選挙の結果は、グローバル化から取り残された地方の貧しい白人マジョリティらの不満が、現体制への批判へと向かったことが原因の一つとなっている。

3

このような状況において、近年では、世界的に「統合の危機と国家の再編成」（佐藤、2009-2010）といった動きがみられるようになった。多様性を尊重する多文化主義は批判され、社会的結束（social cohesion）、間文化主義（interculturalism）など、新たな統合の枠組みを模索する多文化共生のあり方が議論されるようになっている（Council of Europa、2008; Meer & Modood、2011）。

　一方、日本では人口減少社会が到来し、このままの状態が続けば100年後の人口は現在の3分の1程度に減少すると予想され、外国人労働者の受け入れの議論が本格化している[(2)]。外国人の子どもを取り巻く教育の現状をみてみると、学力、進路、不就学など深刻な問題を抱えており、外国人児童生徒の教育ニーズに十分に応えられていない。移民時代が現実化する中で、多文化社会へ本格的に移行するための教育体制づくりが急がれている（松尾、2013）。

　以上を踏まえ、本書では、諸外国における多文化教育をめぐる取り組みの国際比較を進めることを通して、差異とともにいかに生きていくのかを考察するとともに、日本において多文化共生を実現していく教育のあり方を探りたい。

　ここで多文化教育とは、マイノリティの視点に立ち、社会的公正の立場から多文化社会における多様な人種・民族あるいは文化集団[(3)]の共存・共生をめざす教育理念であり、その実現に向けた教育実践であり教育改革運動でもある（松尾、2013）。多文化教育は、人種・民族、ジェンダー、セクシャリティ、社会階層他、人を分けるさまざまな軸を対象とするが、ここでは、人種・民族による違いに焦点をあてることにする。また、多文化教育という用語は使われていない場合でも、シティズンシップ教育、言語教育、学力向上をめざす教育、継承語・継承文化教育など、多様性と教育に関わる動向を広く包含した教育の総体として捉えたい。

多文化と教育に関わる国際比較研究ではこれまで、シティズンシップ教育（近藤、2013; 嶺井、2007）、多文化教育（江原、2011; 松尾、2013）、移民教育（園山、2016）等、個別の教育課題が対象にされる傾向にあった。また、海外の国際比較研究では、教育政策・実践の歴史的な展開や現状が並列的に提示されているものが多い（例えば、ルヒテンベルク、2010; Banks、2009; Grant & Lei、2001; Grant & Portera、2011）。

本書の特徴は、個別の国や課題に関する分担執筆ではなく一人の視点から、国家統合の理念との関係で多様性と教育をめぐる動きを捉えるとともに、以下に示すような分析枠組みを設定して国際比較していることがあげられる。本書ではまた、読みやすさを意識して、多文化教育をめぐる国際的な動向の全体像をできるだけわかりやすくコンパクトにまとめている。大学生や一般の読者にも広く手にとっていただければ幸いである。

対象国は、戦後移民を受け入れた欧州（英国、ドイツ、フランス）、伝統的な移民国家（アメリカ、カナダ、オーストラリア、ニュージーランド）、アジア（シンガポール、韓国、日本）である。すなわち、戦後に旧植民地からの移民が流入した英国やフランス、2国間協定を結びゲストワーカーを受け入れたドイツなど戦後に移民が増加した欧州諸国、白人が先住民の土地を収奪し、移民を受け入れながら形成された伝統的な移民国家、それぞれにユニークなアプローチをとるアジア諸国に分けて特徴を捉えることにする。

これらの国々を対象に、本書では、(1)国家統合の理念（国の基本的な立場・方針）、(2)戦後の歴史的展開（統合の危機と国家の再編成の位置づけ）、(3)多様性に関する教育政策・実践（多文化市民の育成、社会的平等、文化的平等）といった枠組みを設定し、国際比較を試みる。これらの分析を通して、多文化教育に関する国際的な動向を

捉えるとともに、移民時代の日本に求められる多文化共生をめざした包括的な教育政策・実践の基本理念と枠組みを考察したい。

さて、本書でとくに主張したいのは、このような時代だからこそ、多文化主義という理念をもう一度見直す必要があるのではないかということである。多様性は負の側面ばかりが強調されるが、多くの国々では移民労働者の存在が経済発展や日常生活を支えている。また、多様性はイノベーションを生みだし、社会をダイナミックにするものでもある。越境が日常化する中で、多様性を社会の資源として捉え、違いにかかわらずすべての人々が大切にされ、居場所のもてる社会を実現していくことが求められているのである。

このように考えると、グローバルな人の移動が当たり前になる時代に、多文化主義の理想をめざして、差異と共にいかに生きていくのかの視点から教育のあり方が問い直されているといえるだろう。多文化共生を教育の主要な目標に位置づけ、人の移動を前提とした教育を構想することが求められているのである。その意味で、多文化教育は、21世紀の教育のあり方を提案するものでもあるといえる。

さて、本書は、序章・終章と11の章から構成されている。序章「人の移動と教育を考える視点」では、人の移動についての大きな流れを概観するとともに、分析の枠組みを提示する。1章から10章では、各国における多文化と教育をめぐる動きについて検討する。具体的には、1章「英国（イングランド）——シティズンシップの強化」、2章「ドイツ——移民国への転換」、3章「フランス——共和制の理念とライシテ」、4章「アメリカ合衆国——自由と平等のポリティックス」、5章「カナダ——多文化主義法をもつ国」、6章「オーストラリア——アジア太平洋国家をめざして」、7章「ニュージーランド——2文化主義と多文化主義の葛藤」、8章「シンガポール——多人種主義とメリトクラシー」、9章「韓国——多文化

政策への転換」、10 章「日本──求められる多文化共生への基本方針」である。以上の各国の整理をもとに 11 章では、10 カ国における多文化教育の国際比較を行う。終章では、国際比較から得られた知見を手がかりに、競争から共創への視点から多文化共生のシナリオを考察する。

　なお、各国の概略等のデータについては、外務省 HP「国・地域」（http://www.mofa.go.jp/mofaj/area/index.html）の情報を基本に使用した。

　最後に、青木麻衣子、新井浅浩、上原秀一、卜部匡司、下村智子、金井里弥、出羽孝行、島津礼子の各先生方には、それぞれの国の専門の立場から、基本的な事項に誤りがないかを中心に原稿に目を通していただいた。明石書店には出版事情が厳しい中にあって、本書を刊行していただいた。また、編集者の寺澤正好さんには、出版に至るまでの編集作業にご尽力いただき、たいへんお世話になった。心からお礼を申し上げたい。

2017 年 11 月 20 日　松尾 知明

（注）

（1）移民には、移出民と移入民があるが、移出民は、長期あるいは永久的にわたって出国する人々のことをいい、移入民は入国して長期、永久的に定住する人々のことをいう。

（2）移民政策は、外国人の入国に関する政策に関わる入国管理政策及び、外国人の社会参加に関する統合政策がある。日本で、前者の政策はあるものの、後者については国としての明確な方針が示されていない。多文化共生を掲げ取り組みの進む地方公共団体も一部みられるが、国としての統合政策の策定が課題となっている。

（3）社会的に構築されたもので、その構成員によって共有され獲得される意味の体系である。文化は、ものの見方、感じ方、考え方あるいは行動する際の準拠枠となる。個人は、複数の文集団に同時に所属しており、状況や時間的な経過、位置取りの仕方により、よって立つ文化が異なる。

（文献）

江原裕美編『国際移動と教育——東アジアと欧米諸国の国際移民をめぐる現状と課題』明石書店 . 2011 年 .

近藤孝弘編『統合ヨーロッパの市民性教育』名古屋大学出版会 . 2013 年 .

佐藤成基「国民国家と移民の統合——欧米先進諸国における新たな「ネーション・ビルディング」の模索」『社会学評論』60. 3. 2009-2010 年 . 348-363 頁 .

園山大祐編『岐路に立つ移民教育——社会包摂への挑戦』ナカニシヤ出版 . 2016 年 .

松尾知明編『多文化教育のデザイン——移民時代のモデル構築』勁草書房 . 2013 年 .

嶺井明子編『世界のシティズンシップ教育——グローバル時代の国民／市民形成』東信堂 . 2007 年 .

ルヒテンベルク, S. 編（山内 乾史監訳）『新訂版 移民・教育・社会変動——ヨーロッパとオーストラリアの移民問題と教育政策』明石書店 . 2010 年 .

Council of Europa, *White Paper on Intercultural Dialogue: "Living Together As Equals in Dignity"*. Strasbourg: Committee of Ministers, Council of Europa, 2008.

Banks, J.A. (Eds.) *The Routledge International Companion to Multicultural Education*, Routledge, 2009.

Grant, G.A. & Lei, J.L. *Global Consturactions of Multicultural Education: Theories and Ralities*, Lawrence Erlbaum Associates, 2001.

Grant, G.A. & Portera, A. *Intercultural and Multicultural Education: Enhancing Global Interconnectedness*, Routledge, 2011.

Meer, N. & Modood, T. "How does Interculturalism Constrast with Interculturalism?, "*Journal of Intercultural Studies 33(2)*, 2011, pp. 175-196.

もくじ	**多文化教育の国際比較**
	世界10カ国の教育政策と移民政策

はじめに　多文化共生のシナリオ
——多文化教育の国際比較の視角　3

序章　人の移動と教育を考える視点

1. 人の移動と多様性の課題の変遷　16
2. 多文化と教育をめぐる問題の所在　19
3. 本書の分析枠組み　21
4. まとめ　24

第1章　英国（イングランド）——シティズンシップの強化

1. 英国の基本情報　28
2. 国の物語と国家統合の理念　31
3. 多様性と教育をめぐる歴史的な展開　32
4. 多文化をめぐる教育の取り組みと課題　36
5. 残された課題　39

第2章　ドイツ——移民国への転換

1. ドイツの基本情報　44

2．国の物語と国家統合の理念　47

3．多様性と教育をめぐる歴史的な展開　49

4．多文化をめぐる教育の取り組みと課題　52

5．残された課題　55

第3章　フランス——共和制の理念とライシテ

1．フランスの基本情報　60

2．国の物語と国家統合の理念　63

3．多様性と教育をめぐる歴史的な展開　65

4．多文化をめぐる教育の取り組みと課題　68

5．残された課題　70

第4章　アメリカ合衆国——自由と平等のポリティックス

1．アメリカの基本情報　76

2．国の物語と国家統合の理念　79

3．多様性と教育をめぐる歴史的な展開　80

4．多文化をめぐる教育の取り組み　85

5．残された課題　88

第5章　カナダ——多文化主義法をもつ国

1．カナダの基本情報　92

2．国の物語と国家統合の理念　96

3．多様性と教育をめぐる歴史的な展開　97

4．多文化をめぐる教育の取り組み　101

5．残された課題　104

第6章　オーストラリア——アジア太平洋国家をめざして

1．オーストラリアの基本情報　108
2．国の物語と国家統合の理念　111
3．多様性と教育をめぐる歴史的な展開　113
4．多文化をめぐる教育の取り組み　117
5．残された課題　119

第7章　ニュージーランド——二文化主義と多文化主義の葛藤

1．ニュージーランドの基本情報　124
2．国の物語と国家統合の理念　128
3．多様性と教育をめぐる歴史的な展開　129
4．多文化をめぐる教育の取り組み　133
5．残された課題　135

第8章　シンガポール——多人種主義とメリトクラシー

1．シンガポールの基本情報　140
2．国の物語と国家統合の理念　143
3．多様性と教育をめぐる歴史的な展開　144
4．多文化をめぐる教育の取り組み　148
5．残された課題　151

第9章　韓国——多文化政策への転換

1．韓国の基本情報　156
2．国の物語と国家統合の理念　159
3．多様性と教育をめぐる歴史的な展開　160
4．多文化をめぐる教育の取り組み　165

5．残された課題　167

第10章　日本──求められる多文化共生の基本指針

1．日本の基本情報　172
2．国の物語と国家統合の理念　175
3．多様性と教育をめぐる歴史的な展開　176
4．多文化をめぐる教育の現状　181
5．残された課題　184

第11章　多文化教育の国際比較

1．国の物語と国家統合の理念　188
2．多様性をめぐる歴史的な展開　191
3．多文化教育の三つの課題への取り組み　196
4．おわりに──国際比較から得られた知見　199

終章　多文化共生のシナリオ──競争から共創へ

1．多様な人々と生きていくしかない私たち　203
2．新自由主義の矛盾・限界と多文化主義　204
3．多文化共生の困難さ　206
4．多文化共生への基本的な視座　207
5．インクルーシブな社会の共創に向けて　209
6．おわりにかえて──差異とともに生きる日本をつくるために　212

索引　217

| 序 章 | 人の移動と教育を考える視点 |

「多文化主義は失敗した」

ドイツのメルケル首相（2010）、英国のキャメロン前首相（2011）が相次いで表明した。これらの発言は、何を意味するのか。多文化主義という考えそのものが間違いだったのか。文化的な多様性を尊重してきた取り組みが問題だったというのだろうか。

グローバルな人の移動は、異なる人々の接触や交流を増加させ、社会の多文化化を促してきた。経済的・政治的な理由で、移民や難民は国境を越え、ホスト社会を形成する主流集団や先住民との出会いを繰り返してきた。国際移民により生じる多様性は社会に活力を与える一方で、マジョリティとマイノリティの間の力関係は、社会の不安定化を促し、集団間の衝突や軋轢を時として誘発してきた。

諸外国ではこれまで、多様性とどのように対峙し、いかなる国の物語を描いてきたのだろうか。また、直面する課題に応えて、どのような多文化共生に向けた方針を示し、多様性に向き合う教育をデザインしてきたのだろうか。

本章では、国境を越える人の移動とそれに伴う課題の歴史的な変遷を概観するとともに、各国における多文化教育の動向を検討する分析の枠組みを提示したい。

1．人の移動と多様性の課題の変遷

　ここでは、グローバルな人の移動と多様性をめぐる課題がどのように歴史的に変遷してきたのかを簡潔に概観したい。

(1) 西洋中心の世界観の形成

　人の移動は、人間の歴史とともに始まる。人は、よりよい生活や新たな可能性を求めて未知なる土地への移動を繰り返してきた。15世紀になると、近代の出発点としての大航海時代が到来し、グローバルな人の移動は著しく拡大することになった。植民地を求めて新大陸へと渡ったヨーロッパの白人らは、そこで外見や行動様式のまったく異なる先住民と遭遇することになる。新天地に入植していく過程で、植民地支配を正統化するために、白人らは、これらの先住民が自分たちとはまったく異なる他者であることを示す概念が必要になった。そこで「発明」されたのが、人種という概念である。

　こうした人種的な他者の考案は、かれらの「白人であること」を再定義することになった。その基本的な構造は、白人と非白人、西洋と非西洋、文明と野蛮、キリスト信者と非キリスト信者などの2項対立の言説にみることができる。文明をもつ西洋の自己像が、野蛮な非西洋の他者像を鏡として構築されたのであった。このようにして、近代においては、西洋／非西洋といった支配の言説をもとに、西洋を中心とした世界秩序が形成されていったのである。

(2) 近代国家の成立と多様性

　近代は、国民国家が形成された時代でもあった（伊豫谷、2002）。18世紀末に西欧では、共通の言葉や文化に基づく国民という概念

序章　人の移動と教育を考える視点

が生まれ、近代国家が成立していった。世界は、独立した主権国家と植民地とに分割され、「われわれ」と「他者」を分かつ境界をつくりながら、ヨーロッパ中心の世界観が形成されていった。包摂と排除を伴いながら国境線は引き直され、国民国家は各地に拡大していき、世界はくまなく分割されていくことになった。

18、19世紀は、国民国家が広がりをみせる一方で、国を越えた移動が比較的自由な時代であった（ホリフィールド、2007）。この時期には、プッシュ要因（需要）とプル要因（供給）によって、国際移民が活発になっていった。19世紀の終わりから20世紀の始めになると、人が大規模に国境を越える時代になった（佐藤、2009-2010）。ヨーロッパからアメリカへの移民、ヨーロッパ内での労働移民、アジア、ラテンアメリカ、オセアニアからヨーロッパへの年季労働者の移民、ヨーロッパからアジア、アフリカの植民地への移民など、相当数の人々が越境するようになったのである。

こうしていったん国境をまたぐ人的移動が一定量を超えるようになると、移民の受け入れ国と送り出し国では、移民の流入を管理したり、移民を社会に統合したりする政策が求められるようになった。課税や徴兵といった理由から国民を統制する必要に迫られ、国籍やパスポートなどといった移民に関わる制度や政策が発達していった。また、越境する労働移民の増大は、ナショナリズムの台頭を促し、国民としての意識を醸成することにもなった。

第一次世界大戦から第二次世界大戦にかけては、保護主義と土着主義が席巻した時代であった（ホリフィールド、2007）。不安定な国際情勢の中で、移民のコントロールが厳格化され、民族への忠誠心を強いる民族主義により国境線が引き直され、多くの難民を生むことになった。また、戦争とホロコースト（ナチスによる大量虐殺）は、世界に離散することになったユダヤ人など、国を追われた大規模な

17

難民と庇護希望者を発生させることになった。戦争による凄惨な経験によりその後、「難民の地位に関するジュネーブ条約」（1951）や「世界人権宣言」（1948）など、国を越えて移動する国際移民を保護する新たな法的な整備を進めることになった。

(3) 第二次世界大戦後

第二次世界大戦は、ヨーロッパ諸国を焼け野原にし、甚大な被害をもたらした。ヨーロッパでは、戦後の復興やその後の高度経済成長に対応するために、2国間協定が結ばれ、外国人労働者の導入を開始する国もあった。また、植民地の独立が進む中で、これらの国々からかつての宗主国への移民の流入がみられるようになった。1960年代には、ヨーロッパ出身に限定する受け入れ制限を撤廃した移民法改正を契機に、アメリカではメキシコやアジアなどから、カナダではアジア、アフリカ、中東などからの移民が大きく増加した。

この時期に流入した労働移民の多くは、肌の色、文化や宗教の面で異質であるという特徴があった。一方で、戦争やファシズムに対する反省から、これらの異なる移民に対しては人権を尊重する政策が諸国で推進されていった。また、リベラルな風潮を背景に、国民の生活や福祉の増進を図る福祉国家政策が進められた。

70年代から80年代にかけては、移民に対して、独自の文化や生活を尊重する多文化主義的な政策や公的扶助や諸権利を国民以外にも適用しようというデニズンシップ政策[1]をとる国もみられるようになった。欧州では、家族の呼び寄せにより移民の流入が続く中で、優先地域などを指定して社会統合を促すための福祉政策が推進されたりした。アメリカでは、アファーマティブ・アクション（積極的差別是正政策）がとられたり、カナダでは二言語主義の枠内で

の多文化主義の政策が進められたり、オーストラリアでは白豪主義から多文化主義へと転換されたりした。

1990年代以降になると、世界的に国家的な統合の危機が意識されるようになった。中には、国籍法（1999）と移民法（2000）を契機に、出生地主義を部分的に取り入れ、移民の国となることを表明したドイツ、あるいは、在韓外国人処遇基本法（2007）や多文化家族支援法（2008）などを成立させ、多文化主義政策への転換を図った韓国などのように、多文化を推進する動きもみられた。

しかしながら、2001年にはアメリカで世界に衝撃を与えた9.11の同時多発テロが起こり、国際的な人の移動が厳しく監視されるようになった。欧州では、移民の社会統合は進まず、ホスト社会との交流のないゲットー化した平行社会（parallel society）が問題にされるようになり、また、国外の過激思想に感化された国内出身者によるホームグロウン・テロリズム（自国産のテロ）も頻発するようになった。主流集団の間では、移民や難民を排斥する動きや極右政党が躍進する動向なども顕著になっている。このような国際的な動きの中で、多様性を尊重して、多文化共生を推進していこうとする動きは大きく後退している。

2. 多文化と教育をめぐる問題の所在

（1）多文化共生をめぐる転換点

「統合の危機と国家の再編成」（佐藤、2009-2010）の時代を迎え、世界は多文化共生をめぐり大きな転換点にあるように思われる。差異による分断は、このまま悪化の一途をたどるのだろうか。

1980年代以降に世界を席巻した新自由主義的な政策は、市場原

理に基づく競争を強いるとともに、教育や社会福祉等の予算は削られ、それまでの多文化主義的な政策は大きく後退していった。立場の弱い移民や難民は、福祉が削減され自由競争が強いられる中で、社会の底辺にとどまらざるをえず、主流集団と交わることのない平行社会を形成していった。移民は、社会の価値ある資源としてではなく、問題をもつ存在として表象され、差別や偏見が助長されていった。

このような社会的な格差や対立の拡大が、テロリストを生む背景の一つとなっているといえる。ある社会で生まれ育つ2世となっても社会的な上昇は限定的で、貧困から解放されない現実がある。偏見や差別の中で社会に居場所がなく、生きる希望が描けないといった問題が根底に位置付いている。

一方で、もたざる者の不満の一部は、そのはけ口として移民の排斥に向かい、世界中で極右政党が勢力を伸ばしている状況を生んでいる。英国のEUからの離脱を決めた国民投票やトランプ氏を選出したアメリカの大統領選挙の結果は、低所得層の白人集団の不満がいかに大きいのかを裏付ける出来事でもあった。

多文化共生の直面するこうした厳しい現状は、グローバル化や新自由主義的な政策を背景に社会の格差が拡大してきた矛盾が一挙に吹き出し、もはや限界にきているサインと捉えるべきではないだろうか。市場原理による自由競争を推進する政策一辺倒ではなく、多様な人々との共生をめざして真剣に取り組むことが求められている。

（2）移民国家への準備に向けた日本の課題

多文化共生の課題は、日本においても日増しに重要性を増している。グローバル化が進む中で、私たちの生活は確実に多文化化が進行しており、人口減少社会に突入して急速に少子高齢化が進む今日、

移民の本格的な受け入れは現実となりつつある。

　他方で、日本では、多文化の課題に対する国としての基本的な方針や政策が打ち出されていない。シリア難民をめぐり国際社会が難民の受け入れを表明する中で、日本のあまりに少ない難民の受け入れが話題となった。研修生、技能実習生（2010年〜）として、外国人の労働者を事実上受け入れ、人手不足を解消しているなど、対症療法的な政策は批判を受けている。在日コリアンやニューカマーらの外国人が多く在住し、多文化共生の必要性が叫ばれる一方で抜本的な対策はあまり進んでいない。アイヌ民族をめぐっては、先住民の権利獲得運動の成果として1997年にアイヌ文化振興法が成立したものの、言語や文化の継承には大きな課題が残されている。

　では、日本はこれからどのような道を選択すればよいのだろうか。また、いかなる多文化共生のあり方やそれに向けた教育政策が求められるのだろうか。

3．本書の分析枠組み

　このような問いに答えるために、本書では、多文化教育の国際比較を試みたい。分析の枠組みは、以下のとおりである。

（1）本書の目的と対象

　国際比較の対象は、戦後移民を受け入れた欧州（英国、ドイツ、フランス）、伝統的な移民国家（アメリカ、カナダ、オーストラリア、ニュージーランド）、アジア（シンガポール、韓国、日本）である。

　欧州諸国では、戦後の経済復興の過程で労働移民を受け入れたところが多い。国民国家がすでに成立しており、国家を主導する主流集団が形成された後に、移民はマイノリティ集団として編入される

ことになった。本書で取り上げる英国、ドイツ、フランスはともに、エスニック集団の社会への編入が十分に進まず、ゲットー化して平行社会が形成され、社会統合が大きな課題となっている。また、第二言語教育や学力向上政策などが推進されている場合もあるが、制度的な人種主義の克服をめぐり残された課題も多い。

　伝統的な移民国といっても、人口構成や歴史的経験により多文化へのアプローチが大きく異なっている。多文化主義が広く浸透する一方で国としての政策があまりみられないアメリカ、ケベック州の独立分離問題を背景に多文化主義法を制定したカナダ、国として多文化主義政策をもつオーストラリア、二言語主義（ワイタンギ条約）と多文化主義の間で揺れるニュージーランドなど、統合理念や集団間の力学の違いによって多様性と教育に関する政策も異なる。

　近隣のアジア諸国はきわめて多様である。多人種主義の政策を建国以来推進してきたシンガポール、2000年代になり急速に多文化主義政策の整備が進んだ韓国、正規の外国人労働者の受け入れをせず国としての基本政策を欠いている日本など、それぞれに特色をもつ。バイリンガル教育、第二言語教育、学力向上策などをめぐり、国によって多様な施策が展開している。

　本書では、伝統的な移民国家、戦後移民を抱えた欧州諸国、近隣のアジア諸国の三つのまとまりで特徴を捉えたい。

（2）国際比較の分析枠組み

　国際比較の分析枠組みは、①国の物語と国家統合の理念、②戦後の歴史的展開、③多様性に関する教育政策・実践を設定する。

　1点目は、国の物語と国家統合の理念で、対象国は、どのような国としての経験や物語があり、いかなる国家統合の理念を形成してきたのか、という問いである。国は、想像上のコミュニティであり

（アンダーソン、1997）、一つの「考え（idea）」であり「ナラティブ（narrative）」である（松尾、2013）。その国の成り立ちや経験、国民統合の理念は、国をいかに「表象（representation）」するのかに大きく影響している。そこで本書ではまず、それぞれの国の物語を捉え、多様性に対してとられた大きな方針や方向性を明確にする。

　2点目は、戦後の歴史的展開で、多様性の課題をめぐって、歴史的にどのように取り組みが展開してきたのか、という問いである。佐藤（2009-2010）は、第二次世界大戦後における国際移民を捉える枠組みとして、①外国人労働者の受け入れと戦後の復興と高度経済成長の時代（戦後から1960年代まで）、②高度経済成長が終わり受け入れが停止される一方で、福祉国家政策が進められた時代（1970～1980年の統合政策）、③移民問題が意識され国民への統合が進められた時代（1990年代以降）の三つの時期に分けている。本書では、国際移民を捉える三つの時期を援用し、対象とする国々の多様性をめぐる歴史的な変遷を整理して、統合の危機と国民国家の再編成という現在の状況を位置付けたい。

　3点目は、多様性に関する教育政策・実践で、諸外国における多文化教育の取り組みを後述する三つの側面から整理する。松尾（2013）によれば、多文化共生と教育をめぐる目的には、①多文化社会に生きる力（コンピテンシー）を培う「多文化市民の育成」の側面、②すべての子どもの学力とキャリアを保障する「社会的平等」の側面、③すべての子どもの自文化の学習を保障する「文化的平等」の側面がある。本書では、諸外国の多文化と教育をめぐる動向を、これらの①多文化市民の育成、②社会的平等、③文化的平等の観点に従って整理する。

　以上のように、本書では、共通の分析枠組みを設定して、諸外国における多文化教育の国際比較を進めることで、日本の多文化共生

に向けた示唆を得ることを目的とする。グローバル化がますます進行する21世紀の移民社会を見据えて、差異とともにいかに生きていけばよいかについて、多文化共生のシナリオを検討したい。

4. まとめ

多文化共生というプロジェクトは、危機的な状況にある。一方で、日本では、人口減少社会に突入し、移民国家への準備が急がれている。世界的に「統合の危機と国家の再編成」に直面する中で、日本においては、差異と共に生きる教育のあり方をいかに選択していけばよいのだろうか。国としての多文化共生に関する基本理念と方針を確立していくことが待ったなしの状況にある。

諸外国において、主流集団は、移民、難民、先住民などとどのような関係を築いてきたのだろうか。多様性と教育をめぐって、どのような課題に直面し、それらをいかに解決してきたのだろうか。成果や残された課題には何があるのだろうか。

本書では、英国、ドイツ、フランス、アメリカ、カナダ、オーストラリア、ニュージーランド、シンガポール、韓国、日本を対象に、(1) 国家統合の理念、(2) 戦後の歴史的展開、(3) 多様性に関する教育政策・実践の分析枠組みに従って、多文化教育の国際比較を行う。こうした試みを通して前述の問いを追究することで、多文化共生をめざした教育を構築していくために日本に示唆される点を考察したい。

（注）

(1) 国の公的な扶助や法的、政治的な諸権利を、国籍を有する国民以外にも適用していこうという政策。デニズンシップ政策は、生まれによって自然に国籍が取得されるアメリカのような出生地主義の国よりは、血統主義の傾向の強いヨーロッパ諸国などにおいてより大きな意味をもつ。

（文献）

アンダーソン , B.（白石隆・白石さや訳）『増補 想像の共同体——ナショナリズムの起源と流行』NTT 出版 . 1997 年 .

伊豫谷登士翁『グローバリゼーションとは何か——液状化する世界を読み解く』平凡社新書 . 2002 年 .

佐藤成基「国民国家と移民の統合——欧米先進諸国における新たな「ネーション・ビルディング」の模索」『社会学評論』60. 3. 2009-2010 年 . 348-363 頁 .

ホリフィールド , G.「現れ出る移民国家」伊豫谷登士翁編『移動から場所を問う——現代移民研究の課題』有信堂 . 2007 年 . 51-83 頁 .

松尾知明編『多文化教育をデザインする——移民時代のモデル構築』勁草書房 . 2013 年 .

第1章 英国（イングランド）
──シティズンシップの強化

　英国では、ＥＵ残留の是非を問う国民投票が2016年6月24日に実施された。結果は、マスコミの予想に反し、48.11％対51.89％の僅差で離脱派が勝利した。ＥＵ離脱のインパクトは大きく、先の読めない状況に、翌日の為替市場では通貨ポンドが急落した。大陸と距離をとりながらも、1973年のＥＣ加盟以来、ヨーロッパとともに歩んできた英国にとって、きわめて重大な転換点を迎えることになった。国民投票では、都市と地方、中流階級と労働者階級、若年層と中高齢者層などにより英国が分断されている状況が明らかとなったが、離脱派が過半数を獲得した背景の一つには、近年、流入が著しい東欧からの移民問題があった。離脱に一票を投じた人々の多くが、新しい移民に仕事を奪われ、移民への社会保障給付のために税負担が増しているという不満を感じていたのである。

　では、移民や難民を受け入れ、急速に多文化化が進んできた英国ではこれまで、どのような教育に関する議論や政策が展開してきたのだろうか。本章では、英国（イングランド）における多様性と教育をめぐる展開や課題について検討したい。

1．英国の基本情報

（1）英国とは

　英国（グレートブリテン及び北アイルランド連合王国）は、ヨーロッパ大陸の北に位置する島国で、イングランド、ウェールズ、スコットランド、北アイルランドの四つの「国（country）」から構成されている。気候は、メキシコ湾流と偏西風のため、高緯度の割には比較的温暖である。面積は、24.3万平方キロメートルで日本の3分の2の大きさである。人口は、6,511万人（2015年）で、その構成は、ゲルマン系のアングロサクソン人、ケルト系、アフリカやインドなど旧植民地からの移住者などからなる。最近では、EUに加盟したポーランドやハンガリーなどの東欧からの移民の著しい増加がみられた。英国については、以下、人口が多く首都ロンドンを有するイングランドを中心に検討することにする（**図表1**）。

（2）英国（イングランド）の教育制度

　英国の四つの地域は、独自の異なる教育制度をもっている。イングランドについてみてみると、義務教育年限は、5歳から16歳の11年となっている。初等教育は、6年制の初等学校で通常行われる。初等学校は、5〜7歳児を対象とするキーステージ1（幼児部）、及び、7〜11歳児を対象とするキーステージ2（下級部）に分けられる。

　中等教育は、11歳から通常開始され、その修了資格として、義務教育を修了する16歳時に受ける外部試験のGCSE（General Certificate of Secondary Education）試験がある。初等・中等学校に

第 1 章　英国（イングランド）——シティズンシップの強化

図表 1　英国の概要

正式国名 英国（グレートブリテン及び北アイルランド連合王国）（United Kingdom of Great Britain and Northern Ireland） 国旗  国歌 女王陛下万歳（God Save the Queen） 面積 24.3 万平方キロメートル（日本の約 3 分の 2） 人口 6,511 万人（2015 年） 首都 ロンドン（人口約 867 万人、2015 年） 元首 女王エリザベス 2 世陛下（1952 年 2 月 6 日即位） 政体 立憲君主制 議会 上院及び下院の 2 院制	主要産業 自動車、航空機、電気機器、エレクトロニクス、化学、石油、ガス、金融 ＧＤＰ 1,865（単位：10 億ポンド）（2016 年、出典：ＩＭＦ、英国統計局） 通貨 スターリング・ポンド 人種・民族構成 主な民族はイングランドを中心に居住するゲルマン民族系のアングロサクソン人、ケルト系のスコットランド人、アイルランド人、ウェールズ人だが、旧植民地出身のインド系（印僑）、アフリカ系、アラブ系や華僑など 宗教 英国国教等 言語 英語（ウェールズ語、ゲール語等使用地域あり） 在留邦人数 6 万 4,969 人（2016 年 10 月） 在日英国人数 1 万 5,262 人（2016 年 6 月） 出典：法務省入国管理局

出典：外務省 HP「国・地域」の情報をもとに筆者作成。

は公費の補助を受ける公費維持学校と公費補助を受けない独立学校（パブリックスクールやプレパラトリースクールなど）がある（**図表2**）。

また、近年、保守党政権の推進政策により、公費維持学校において自律性の高いアカデミーやフリースクールと呼ばれる学校の増加が著しい。中等教育の最後の2年間は、大学進学をめざすシックスフォームなどが置かれている。

高等教育には、大学と高等教育カレッジがある。また、義務教育後の多様な教育を一般に継続教育というが、職業教育を中心に多様なプログラムが実施されている。

図表2　英国の学校系統図

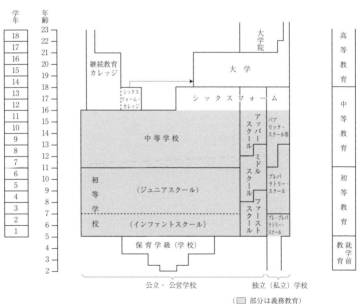

出典：篠原康正「イギリス」文部科学省『諸外国の初等中等教育』明石書店、2016年、92頁。

2. 国の物語と国家統合の理念

　英国では、どのように国を物語り、国家統合を進めてきたのだろうか。英国では、国の成立の経緯から、多様性が尊重される風土が形成された（カースルズとミラー、2011）。すなわち、イングランド、ウェールズ、スコットランド、北アイルランドが統合される際に、共通の政治的意識を受け入れることが求められた。しかしそれ以外は、それぞれの多様性は受容され、各地域のアイデンティティや国教会以外のプロテスタント、カトリックの信仰なども許容される形で国が成立することになった。このような背景から、移民集団に対しても、多様性を尊重する素地があったといえる。

　1948年に国籍法が制定されたが、コモンウェルス市民は本国と同等の法的地位が与えられており、自由に英国に出入国して居住することができた。移民は、時間が経過すれば自然に同化すると考えられていたため、移民政策は当初、放任主義がとられていた。

　方針が転換されたのは、1962年の移民法以降である。移民の流入が続く中で、移民の受け入れに制限が加えられるようになり、コモンウェルス市民が移民管理の対象となっていった。さらに、1981年の国籍法では、入国、居住等の自由な市民権が認められる「英国市民」、ブリティシュを名乗ることはできるが一般外国人と同様の扱いをされる「英国属領市民」や「英国海外市民」の三つのカテゴリーに分けられることになったのである（宮島、2016; 75-82頁）。

　近年では、エスニック集団の社会統合が大きな課題となっている。2001年の人種暴動、2005年のバス・地下鉄同時爆破事件などの頻発するテロを背景に、自国で育った過激なイスラム教徒の問題がクローズアップされるようになった。また、EU加盟の東欧諸国

から多くの移民が流入するようになり、国内の多民族化がいっそう進行している。これらの理由から、英国では、ナショナル・アイデンティティの涵養が主要な課題となり、シティズンシップ、さらに、ブリティシュネス（Britishness）が強調される状況を生んでいる。

3. 多様性と教育をめぐる歴史的な展開

英国は、17世紀のユグノー教徒、ユダヤ人難民、アイルランドからの移民等、歴史的に多数の移民を受け入れてきた。しかし、英国の人種・民族構成が大きく変化したのは、第二次世界大戦後、旧植民地であった英連邦諸国から多くの移民を受け入れるようになったことを契機としている（図表3）。

（1）第二次世界大戦以降から1960年代まで

英国では、1950年代以降、出身国の不安定な政治状況から逃れたり、経済的・教育的な機会を求めたりした、西インド諸島からの黒人やインド亜大陸からのアジア系の移住者が増加した。かれらは外国人ではなく英国臣民であった。1950年代から60年代の半ばまでは、非白人の移民に対しては同化政策がとられ、英国社会への適応がめざされていた。60年代後半からは、マジョリティの変容や相互理解を促す統合（integration）政策も提唱されたが、実質的には同化主義とあまり変わらないものだった。

教育においては、移民のために、第二言語としての英語（English as a Second Language: ESL）教育が推進された。また、移民に限られたものではないが、1960年代から、低所得者層を対象とした教育優先地域（EAZ）が指定されることになった。移民の子どもたちの多くも政策の恩恵を受けるようになった。

32

第 1 章　英国（イングランド）――シティズンシップの強化

図表 3　英国略史

1707 年	スコットランド王国及び、イングランド王国合併、グレートブリテン連合王国成立
1801 年	グレートブリテン及び、アイルランド連合王国成立
1858 年	日英修好通商条約締結
1902 年	（〜 23）　日英同盟
1922 年	グレートブリテン及び、北アイルランド連合王国へ改称（南アイルランドの分離）
1948 年	国籍法
1952 年	エリザベス 2 世女王即位
1973 年	拡大 EC 加盟
1979 年	サッチャー保守党内閣成立
1997 年	ブレア労働党内閣成立
2000 年	人種関係法
2007 年	ブラウン労働党内閣成立
2008 年	ポイントシステム導入
2010 年	キャメロン保守党・自由民主党連立内閣成立
2016 年	EU からの離脱（BREXIT）
2016 年	メイ保守党内閣成立

出典：外務省 HP「国・地域」の情報をもとに筆者作成。

（2）1970 〜 1980 年の統合政策

　1970 年代半ばになると、それまでの同化・統合理念に対する批判から、文化の平等と多様性の尊重を促す多文化教育が普及しはじめることになった。英国では、マイノリティの子どもたちの教育についての調査委員会が 1979 年に設置され、すべての子どもの課題として多様性の問題を考えていくことを提唱した「すべての人々のための教育」（スワン報告書）が 1985 年に出された。1980 年代になるとまた、人種差別に対する問題意識がマイノリティの間で高まり、社会構造や歴史のレベルを問題にする反人種差別教育運動もみられるようになった。

　一方で、1979 年にサッチャー保守党政権が誕生してからは、新自由主義の理念に立ち、規制緩和が進められ、平等よりも競争を重視する風潮が広がりをみせていった。1988 年には、こうした流れの中で教育改革法が制定され、国際競争を勝ち抜くための学力向上

33

をめざした教育政策がとられていった。それに伴い、主流の政策においては多文化の問題はほとんど取り扱われなくなった。

（3）1990年代以降の「統合の危機」と国民国家の再編成

1997年にブレア労働党政権が誕生すると、社会的包摂（social inclusion）に焦点があてられるようになった。教育に力を入れた同政権では、学校における卓越（Excellence in Schools）がめざされ、すべての子どもの学力向上に向けた教育政策が進められた。その方針のもとで、弱い立場にある外国につながる子どもたちへの支援も進むことになった。

また、多様性の統合をめざすコミュニティの結束（community cohesion）が課題となり、「シティズンシップ教育と学校における民主主義の教育」（クリック報告書）が発表され、シティズンシップ教育が中等学校において必修科目として導入されることになった。

2000年代になると、人種暴動（2001）、バス・地下鉄同時爆破事件（2005）を契機に、多民族国家英国への帰属意識及び、共通の価値観を醸成していく必要性が叫ばれるようになった。また、難民の増加に加え、EU拡大（2004）に伴うポーランドなど東欧からの移民が急増し、国内の多民族化がさらに進んでいった。「カリキュラムレビュー――アイデンティティと多様性」（アジェグボ報告書）が発表され、シティズンシップ教育の柱の一つに「アイデンティティと多様性」が加えられることになった。

近年では、本国生まれのテロリストの問題が大きくなっている。エスニック集団の間で平行社会が形成される中で、キャメロン首相（当時）は、「多文化主義は失敗だった」と発言したが、その後も、マンチェスターでの米歌手マリアナ・グランデのコンサート会場での自爆テロ（2017年5月22日）、ロンドン橋のテロ（2017年6月19日）

第1章 英国（イングランド）──シティズンシップの強化

など、テロが相次ぐ状況がみられる（**図表4**）。

図表4　試練の中の多文化の街

9・11やロンドン・ボミング以降、イギリスの右翼は勢いづいているが、マイノリティが多くても多文化主義を実践している都市もある。それはレスターである。もともとこの市は1970年代に、東アフリカを追われたインド系住民が定住した所として有名である。ムスリムも近年増えており、全国では3％であるがレスターでは11％であり、これらのマイノリティをあわせるとその比率は、35％にもなる。3人に1人がマイノリティという都市なのである。

このようなエスニック構成を考慮し、市では早くから多文化政策に取り組んできた。なぜ多文化主義が根づいているのか、それは市が多文化からなる都市であることを生かし、マイノリティ職員の採用を積極的に進め、中西部の騒動以前からコミュニティ間の統合施策を重視し、それを子どもの代から多文化教育として実践するのみならず、さらに市独自のマイノリティの教育支援策や諮問委員会を設置して提言させるなどの試みを実践しているからである。

例えば市には、議員や職員、各宗派代表者、学校関係者、有識者などからなるレスター多文化諮問委員会（Leicester Multicultural Advisory Group）が設置され、エスニシティごとのコミュナリズム、隔離化を阻止し、マイノリティの子どもの英語にも独自の支援基金（Minority Ethnic Language & Achivement Service）を設けてドロップアウトを阻止する方策など、コミュニティ間の結合（community cohesion）が叫ばれる以前から、独自の施策を試みている。

もともと70年代に東アフリカから多くのインド系住民が来たとき、住宅事情も悪かったために排斥運動も起きるなど、モデル市にはほど遠かった。しかし東アフリカ経由のインド人は、現地で中産階級としての地位を築いていた者が多く、レスターでも間もなくビジネスを立ち上げるなど、積極的な経済活動を実践していった。それを市も支援する形で人種主義と対決する政策を実践していったことが功を奏し、現在では、ヨーロッパでもっとも多文化政策に成功している都市と評価されている（Aki, Kalra and Sayyid. 301）。

こうした住みよさを反映してであろうか、レスターにはイスラームのボーディング・スクールだけでも2校あり、近く私立のイスラーム・スクールにも公費助成が認められる方向である。近年は、難民も多く、ソマリア人をはじめオランダを追われた難民も受け入れるなど、EU内でも注目を集めている。これからもわかるように、多文化社会の実現には、受け入れ地域の確固とした政策とマイノリティ当人たちの積極的な社会参加、経済活動が大きくかかわっている。

出典：佐久間、2007年、248-250頁。

4．多文化をめぐる教育の取り組みと課題

　では、英国では、移民の増加に対応して、多文化をめぐりどのような教育の取り組みが実施されているのだろうか。

（1）多文化市民の育成——多文化教育とシティズンシップ教育

　英国では、1985年のスワン報告書により、多文化教育の重要性が提起されることになった。「すべての人々のための教育」と題する同報告書では、同化や統合と多文化教育の概念は大きく異なるとする。前者では、マイノリティの子どもたちの問題の矯正や補償をするものであるのに対し、多文化教育は、かれらの教育ニーズを満たすことのみならず、すべての子どもを多民族社会に準備するという課題があるとする。同報告書は、移民のみならず、すべての子どもの課題として英国の多様性を学ぶことの重要性を問題提起した点で重要であったが、保守党政権のもとでこうした多文化教育の理念を推進する政策はその後あまり進まなかった。

　一方で、すべての子どもたちを対象としたシティズンシップ教育が大きく展開していった。1997年にクリックを議長とするシティズンシップ教育諮問委員会が組織され、翌年、同委員会報告書「シティズンシップ教育と学校における民主主義の教育」が発表された。これは、通称、クリック報告書と呼ばれ、シティズンシップ教育の三つの柱として、「社会的・道徳的責任」「コミュニティへの関わり」「政治的リテラシー」を提言した。また、これらの要素を横断する概念として、アクティブ・シティズンシップが位置付けられた。この報告書に基づき、シティズンシップ教育は、2000年よりキーステージ1・2では必修ではないが、PSHE（Personal Social Health

Education）教育の一部として導入され、2002 年からはキーステージ 3・4 で必修科目として推進されることになった。

10 年を経た 2007 年には、2005 年の地下鉄・バス同時爆破事件を受けて、多様性の課題が大きくなる中で、「カリキュラムレビュー：アイデンティティと多様性」（アジェグボ報告書）が発表された。前述のシティズンシップ教育の三つの柱に加え、第四の柱として「アイデンティティと多様性：連合王国における共生」が加えられることになった。英国という多文化社会におけるシティズンシップのあり方が一層問われるようになったといえる。

近年では、ブリティシュネスの涵養が重視されるようになった（菊池、2015）。2014 年にムスリム精神を押しつけようとする企てがあると告発した文書が発端となった「トロイの木馬事件」を契機に、国民としてのさらなる意識形成が課題とされたのである。国の第三者評価機関である OFSTED の監査で、学校において英国の価値（British value）を醸成しているかが評価対象とされることになった。

（2）学力向上と社会的平等

移民の学力向上には言語の習得が不可欠であるとして、第二言語としての英語（ESL）教育に重点が置かれている（菊池、2016）。当初は、取り出し方式による指導が広がったが、通常学級における「カリキュラムを通じた言語学習」といった指導方針が取られるようになっていった。近年、EU 拡大により東欧諸国等からの移民が急増する中で、英語を追加言語とする児童生徒（English as an Additional Language: EAL）のための英語習得を重視した学習支援が進められていった。

移民に対する補助金に関しては、1966 年に地域自治法が制定され、コモンウェルスからの移民の支援を目的に、関連施策における自治

体職員の人件費やESLの補助教員を雇うことができるセクション11補助金が設けられた。その後、エスニック・マイノリティ達成補助金（EMAG）が導入され、その対象がすべてのエスニック集団に拡大されることになった。

　移民対象ではないが、とくに、1997年の労働党政権になると、格差是正に本格的に取り組まれるようになった（ハヤシザキ・岩槻、2015）。教育行動地域（EAZs）、Excellence in Cities、フルサービス拡張学校プロジェクトなど、貧困地域に対して学校内外においてさまざまな取り組みが進められた。2010年には保守党と自由民主党による連立政権となったが、前政権のさまざまな予算は通常の教育予算に編入され、無料給食の資格をもつ児童生徒（FSM）の人数に応じて予算を追加配分し、その使途は学校の裁量にまかされるといったピュービル・プレミアム（pupil puremium）方式に変わっていった。移民の子どもの多くは、これらの施策により学力向上に向けた支援を受けている。

（3）自文化の学習と文化的平等

　スワン報告書では、すべての子どもの教育の概念を尊重し、第一言語、宗教、文化的アイデンティティを育む学校の役割に触れている。しかし、公費維持学校では、学力向上が中心的な課題であり、移民の子どもの言語や文化の教育が、公教育で継続的に保障されるのはまれであるという。通常学級への適応を目的とした英語の習得に重点が置かれている。子どもの出身言語と文化に配慮したバイリンガル教師の重要性が指摘されているが、割合は低く4％にすぎない（小山、2016）。一方で、移民の出身言語の教育については、コミュニティレベルで提供されている場合が多い。

5. 残された課題

　英国では、移民をめぐって、同化、統合、多文化主義を促す政策へと展開していった。それが、サッチャー首相の登場により新自由主義政策が押し進められるようになり、多様性の問題はあまり議論されなくなった。その後、英国の多民族化がさらに進む中で、移民をめぐる問題は次第に、多様性ではなく社会統合の問題として捉えられるようになった。マイノリティではなくすべての子どもが対象にされ、ナショナル・アイデンティティの涵養が主要な課題となる中で、学校の必修教科としてシティズンシップ教育が導入されることになったのである。

　近年では、自国で育った過激なイスラム教徒によるテロの問題がクローズアップされたり、ポーランドやハンガリーなどの東欧からの移民の増加が著しくなったりする中で、学校教育において英国人としてのブリティシュネスの涵養が強調される状況を生んでいる。

　EU離脱を問う国民投票では、移民の問題が大きく取り上げられ、社会の亀裂が深まった。外国人に対する差別事象も増加している。一方で、医療、教育、福祉など、さまざまな分野において、もはや移民抜きにはやっていけないといった現状もある。英国が、多様な人々といかに共生していくのか、教育政策をめぐる今後の動向が注目される（**図表5**）。

図表 5　英国のまとめ

1. 国の物語と国家統合の理念	・英国では多文化主義政策を進めてきたが、2001 年の人種暴動や 2005 年のバス・地下鉄同時爆破事件などを背景に、社会の統合が重視されるようになった。加えて、近年の東欧からの移民の流入により、シティズンシップやブリティシュネスを重視する教育政策が進められている。
2. 多様性と教育をめぐる歴史的な展開	・英国では、1950 年代以降、旧植民地であった英連邦諸国から、非白人の人々が移住するようになった。 ・1970 年代になると、同化・統合理念に対する批判から、文化の平等と多様性の尊重を促す多文化教育が普及しはじめることになる。 ・1990 年代になると、シティズンシップ教育が重視されるようになり、中等教育ではナショナルカリキュラムで必修となった。
3. 多文化教育の三つの課題への取り組み	・シティズンシップ教育が重視されているが、その中で多様性の問題が取り扱われている。 ・学力向上を意図してＥＳＬ教育が中心に推進されてきたが、近年、エスニック集団の学力向上策も進められている。 ・第一言語や文化の継承や維持については地域の状況に応じて配慮がある場合もあるが、あまり重視されていない。
4. 直面する課題	・エスニック集団の子どもたちの学力向上が課題となっている。 ・社会統合をめざして、ナショナル・アイデンティティの涵養が重視されている。

出典：筆者作成。

（文献）

アンダーソン , B.（白石隆・白石さや訳）『増補 想像の共同体──ナショナリズムの起源と流行』NTT 出版 . 1997 年 .

小山晶子「フランスとイギリスにおける移民の出身言語と文化の教育」園山大祐編『岐路に立つ移民教育──社会包摂への挑戦』ナカニシヤ出版 . 2016 年 . 240-255 頁 .

カースルズ , S.・ミラー , M.J.（関根政美訳）『国際移民の時代〔第 4 版〕』名古

屋大学出版会. 2011 年.

菊池かおり「多様性のための教育とシティズンシップ教育──イングランドにおける展開に着目して」オセアニア教育学会編『オセアニア教育研究』第 21 号. 2015 年. 52-66 頁.

菊池かおり「イングランドにおけるエスニック・マイノリティへの教育的支援」園山大祐編『岐路に立つ移民教育──社会包摂への挑戦』ナカニシヤ出版. 2016 年. 72-88 頁.

北山夕華「イングランドの市民性教育」近藤孝弘編『統合ヨーロッパの市民性教育』名古屋大学出版会. 2013 年. 80-102 頁.

篠原康正「イギリス」文部科学省『諸外国の初等中等教育』明石書店. 2016 年. 92 頁.

佐久間孝正『変貌する多民族国家イギリス──「多文化」と「多分化」にゆれる教育』明石書店. 2003 年.

佐久間孝正『移民大国イギリスの実験』勁草書房. 2007 年.

中島久朱「現代イギリスの多文化主義と社会統合──公教育における多様性の容認と平等の問題」江原裕美編『国際移動と教育──東アジアと欧米諸国の国際移民をめぐる現状と課題』明石書店. 2011 年. 287-301 頁.

ハヤシザキカズヒコ・岩槻知也「イギリス──疑似市場化の中の格差是正」志水宏吉・山田哲也編『学力格差是正策の国際比較』岩波書店. 2015 年. 89-119 頁.

宮島喬『現代ヨーロッパと移民問題の原点──1970、80 年代、開かれたシティズンシップの生成と試練』明石書店. 2016 年.

Ajegbo, K. K. D. & Sharma, S., *Crriculum Review: Diversity and Citizenship,* London: *Department for Education and Skills(DfES),* 2007.

Department of Education and Science (DES), *Education for All: Report of the Committee of Enquiry into the Education of Children from Ethnic Minority Groups,* Her Majesty's Stationery Office, 1985.

Qualifications and Curriculum Authority (QCA), *Education for Citizenship and the Teaching of Democracy in Schools: Final Report of the Advisory Group on Citizenship,* Qualifications and Curriculum Authority, 1998.

第 2 章	# ドイツ

——移民国への転換

　ドイツは、2000 年以降、移民国へと大きな転換を遂げた国である。ドイツは長い間、日本と同様に、血縁によって国籍を決定する血統主義をとり、移民の国ではないと主張してきた。しかし、社会民主党（SPD）と緑の党による連立政権は、外国人を親にもつドイツ生まれでドイツ育ちの子どもたちが増加する中で、1999 年に出生地主義 [1] を部分的に容認する国籍法の改正を行ったのである。

　「外国人の両親のいずれか一方が八年間ドイツに合法的に居住し、滞在権または三年前から無期限滞在許可を有する場合、ドイツで生まれた子どもは、出生時に親のもつ国籍とともに、自動的にドイツ国籍を取得する（四条）。ただし、ドイツ国籍を与えられた子どもは、二三歳までに、親の国籍どちらか一方の国籍を選択しなければならない（二九条 [2]）」

　国籍法（1999）と移民法（2000）を契機に、ドイツはドイツ語を話し、文化と歴史を共有するドイツ民族から構成されるという自己像を大きく転換することになった。外国人労働者の子どもたちにドイツ国籍を取得する道を拓き、ドイツは移民国として歩み出したのである。

本章では、移民国へと転換したドイツにおける多文化をめぐる教育の展開と動向について検討したい。

1. ドイツの基本情報

（1）ドイツとは

　ドイツ連邦共和国は、35.7万平方キロメートル〔日本の約94％〕の面積を有し、16州から構成されている。北部は北ドイツ平原、中部は森林の丘陵、南部はアルプスの高原とシュバルツバルト（黒い森）や山地が広がっている。1990年にドイツ統一を達成し、人口は8,218万人（2015）である（**図表1**）。

　ドイツは、ゲルマン系のドイツ民族を中心とするが、フランス、イタリアなどのEU諸国の国籍をもつEU外国人、トルコ系、アジア・アフリカ系などの定住外国人、基本法で規定される政治的に迫害された庇護申請者、その他の難民、旧東欧・旧ソ連からの引き揚げ者など、多様な外国につながる人々が在住している。2国間協定により増加した労働移民に加え、EU拡大による新たな移民の流入が近年続いており、また、難民の受け入れにも積極的で、とくに近年では、シリアからの難民の急増に伴い人道的な多数の受け入れを表明したことは記憶に新しい。

　一方で、ベルリンのトルコ人居住区などでは、地域によってはほとんどが外国人で占められているケースもあるなど、「平行社会」の形成が進んでおり、また、外国人の貧困や失業率の高さなどが社会問題となっている。

第2章　ドイツ――移民国への転換

図表1　ドイツの概要

正式国名 ドイツ連邦共和国 Federal Republic of Germany 国旗  国歌 戦前から引き継いだもの（ハイドン弦楽四重奏「皇帝」を使用）、但し歌詞は三番のみを使用 面積 35.7万平方キロメートル（日本の約94％） 人口 8,218万人（2015年12月末） 首都 ベルリン 元首 フランク＝ヴァルター・シュタインマイヤー大統領（2017年2月12日選出、3月19日就任。任期5年） 政体 連邦共和制（16州：旧西独10州、旧東独5州及び、ベルリン州。1990年10月3日に東西両独統一） 議会 2院制（但し、連邦議会と比べ連邦参議院の権限は限られている）	主要産業 自動車、機械、化学・製薬、電子、食品、建設、光学、医療技術、環境技術、精密機械等 ＧＤＰ 3,133（単位：10億ユーロ）（2016年、独連邦統計庁） 通貨 ユーロ 人種構成 ゲルマン系を主体とするドイツ民族（在留外国人数約911万人）（2015年末、連邦統計庁） 宗教 カトリック（29.9％）、プロテスタント（28.9％）、イスラム教（2.6％）、ユダヤ教（0.1％）（独連邦統計庁） 言語 公用語はドイツ語 在留邦人数 4万2,205人（2016年10月海外在留邦人統計） 在日独人数 6,773人（2016年12月末　法務省在留外国人統計）

出典：外務省HP「国・地域」の情報をもとに筆者作成。

45

（2）ドイツの教育制度

ドイツは連邦制をとっており、16州が教育の制度や内容を独自に定めている。一方、州の文部大臣による常設文部大臣会議（KMK）において、ドイツ全体に関わる教育政策を議論したり、州間の調整をしたりしている。

義務教育は9年で、初等教育には4年間の基礎学校があるが、半日制であった学校は、とくに移民の子どもたちの学力向上を意図し

図表2　ドイツの学校系統図

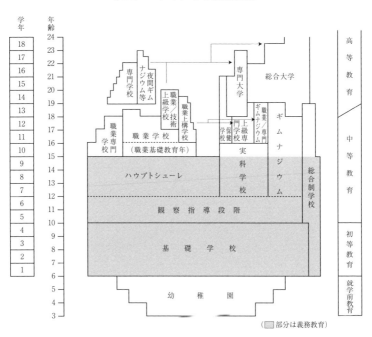

出典：髙谷亜由子「ドイツ」文部科学省『諸外国の初等中等教育』明石書店、2016年、164頁。

て、終日制学校への移行が進んでいる。前期中等教育段階の学校は、生徒の能力・適正に応じて三つに分岐している。それらは、卒業後に職業訓練を行うものが主に通う「ハウプトシューレ」（5年制）、卒業後に職業教育学校に進んだり、中級の職に就いたりする生徒が主に進む「実科学校」（6年制）、大学進学希望者が主に進む「ギムナジウム」（8〜9年制）である。その他、単線型の教育システムをつくることを目的に設立された総合制学校がある。後期中等教育の段階には、ギムナジウムに加え、さまざまな職業教育学校が設けられている（**図表2**）。

　高等教育は、大学（総合大学、専科大学、芸術大学など）と高等専門学校がある。欧州各国の高等教育に共通の枠組みを構築するためのEUによる1998年のボローニア宣言を受けて、ドイツの高等教育においても、学士、修士といった学位への調整が進んでいる。

2．国の物語と国家統合の理念

　国民国家のモデルとなったフランスが国家形成を進めていた当時、ドイツはまだ、300以上の領邦と独立都市の主権をもつ中小の国家が乱立しており、地域的な違いが大きかった。19世紀になると、ドイツ語を話し、文化と歴史を共有するというドイツ民族といった物語をもとに国家の形成が進められていった。そのため、強い民族意識をもったナショナル・アイデンティティが構築され、後から流入した人々は主流集団への一体化が求められるようになった。このような背景から、ドイツの国籍法は血統主義で、帰化も容易ではなかった。

　民族意識の高いドイツでは、移民政策としてはゲストワーカー型の形がとられた。移民労働者は、一時的な現象と考えられていたた

め、社会統合への取り組みはあまり進まなかった。

　それが、「移民国ではない」とする前提が見直されることになる。ドイツ生まれの移民2世は、ドイツ社会でこれから生きていくにもかかわらず、血統主義で帰化も容易でない国籍法のもとで外国人にとどまることを強いられていた。また、マーストリヒト条約が施行されEU市民権が動き始めると、定住外国人は不利益を被ることが予想されていた。

　このような移民を取り巻く状況に対する批判に応えて、ドイツは、非移民国から移民国への転換を決断することになったのである。1999年に国籍法が改正され、出生地主義を部分的に採用するとともに、23歳まで2重国籍を容認することが規定された。また、2000年には、移民法が改正された。こうして、ドイツは移民国であることが表明され、移民2世の社会統合が推進されることになったのである。

　一方で、意識レベルでは、外国につながりをもつ多様なドイツ人は、主流集団からドイツ人として十分に認知されていない（佐藤、2016）。ドイツでは現在でも、「ドイツのトルコ人」といった言い方が一般的で、ドイツに長く住むトルコ人といった意味をもつという。トルコ系ドイツ人といった呼称は使われない傾向にあり、法律上はドイツ人であっても、意識の面で主流集団からはドイツ人として認められていない。一方で、外国につながりをもつ人々の間では、新ドイツ人といった言い方もされるようになっているという。

　ドイツ人の多様化が進む中で社会への統合を十分に進めるためには、インクルーシブなドイツ社会をいかに構築していくかがカギとなる。そのため、主流のドイツ人の意識改革を進めていくことが課題となっている。

3. 多様性と教育をめぐる歴史的な展開

ドイツは、ドイツ語を話し、文化と歴史を共有するフォルクと呼ばれる民族が形成され、1871年に国家として統合された。そのため、ドイツ人以外は国民として受け入れないとする血統主義の国籍法が成立することになった（**図表3**）。

（1）第二次世界大戦以降から1960年代まで

ドイツでは、第二次世界大戦後以降、経済の復興や成長を支えたのは、ソ連や東ヨーロッパからの難民、ドイツ系の帰国移住者などであった。1961年にベルリンの壁が築かれると、東からの流入が期待できなくなった。そのため、新たな労働力の確保を意図して、イタリア（1955）、ギリシャ、スペイン（1960）、トルコ（1961）、モロッコ（1963）、ポルトガル（1964）、チュニジア（1965）の国々と

図表3　ドイツ略史

378年	ゲルマン民族、ローマ帝国領内に侵入
1701年	プロイセン王国成立（～1871年）
1871年	ドイツ帝国成立（いわゆる「ビスマルク憲法」制定）
1918年	ドイツ革命、ワイマール共和国成立
1933年	ヒトラー首相に就任、ナチ党の一党独裁制確立（～45年）
1949年	西独基本法の成立、西独、東独の成立
1961年	「ベルリンの壁」構築
1972年	東西両独、基本条約を締結、関係正常化
1973年	東西両独、国連加盟、ゲストワーカー募集停止
1989年	「ベルリンの壁」崩壊
1990年	両独間「統一条約」発効
1990年	10月3日　統一
1999年	出生地主義を一部採用した国籍法への改正
2005年	アンゲラ・メルケル首相就任

出典：外務省HP「国・地域」の情報をもとに筆者作成。

の間で、2国間協定が結ばれた。2～3年の期限つきの帰国を前提とするローテーション政策のもとで、外国人はゲストワーカーとして雇用されることになり、外国人労働者の本格的な受け入れが始まったのである。

　外国人の子どもたちの教育をめぐっては、1964年に常設文部大臣会議の勧告「外国人子女のための授業」が出され、就学義務の適用や母語を維持する権利が明示された。この方策には、外国人の子どもの学習条件の改善や第二言語としてのドイツ語や出身文化の指導などが含まれていた。

（2）1970～1980年の統合政策

　ドイツは、オイルショックの時期に経済停滞期を迎え、ゲストワーカーの募集は1973年に停止された。一方、外国人の増加傾向は、家族の呼び寄せ、移民2世の誕生などを理由に、その後も続くことになる。外国人労働者の帰国奨励政策として、1983年から2年間にわたり一人1万5,000マルクの補助金が支給されたが、帰国を促す効果は限られていた。

　教育に関しては、1976年に、勧告「外国人労働者子女のための教育」が出され、その基本方針として、ドイツの学校や社会へ統合すること、及び、言語的・文化的なアイデンティティを保持することの二つの柱が示された。移民国ではないとする政府の方針のもとで、将来的に帰国することが前提とされた措置であった。

（3）1990年代以降の「統合の危機」と国民国家の再編成

　ドイツでは、1990年前後から、亡命申請者や難民、帰国移住者の流入が急増することになる。それに伴い、外国人排斥運動や極右集団による暴力行為が増加した。一方で、異文化間の対話が奨励さ

れるようになり、ドイツ・イスラム会議なども設置されるようになった。2005 年には移住法が施行され、ドイツ語能力が十分ではない移民は、**図表 4** に示すような統合コースへの参加が義務付けられることになった。

　外国人の子どもたちの教育に関しては、それまでの移民教育への批判から、外国人教育から異文化間教育へと展開していった。1996 年には、全国レベルの初めての指針として、「学校教育における異文化間教育」と題する勧告が出された。同勧告は、すべての児童生徒を対象とし、ドイツという多文化社会における建設的な共生をめざす教育を提言するもので、異文化間教育の推進に大きな影響を与えた。

　一方で、国際学力調査での不振による PISA ショックは、移民の子どもたちの学力問題を浮き彫りにした。そのため、就学前教育や

図表 4　2005 年施行の統合コース

統合コースの構造
統合コース：ドイツ語コース（600 時間）＋オリエンテーションコース（30 時間） ドイツ語コース * ドイツ語コースは 100 時間ずつの六段階（A1.1、A1.2、A2.1、A2.2、B1.1、B1.2） * 学習速度はフルタイムコースかパートタイムコースでの参加、コースの切り替えは可能 * ドイツ語コースでは講師の監督下で職業訓練が可能（ただし、授業にカウントされない） オリエンテーションコース * 法秩序、歴史、文化等を学ぶ 統合コースのコンセプト * それぞれの受講者の目標レベルに合わせる 修了証明（統合コース政令 17 条） * ドイツ語コースは基礎統一試験 ZD（Zertifikat Deutsch）取得 * オリエンテーションコースは修了テストあり

出典：小林、2009 年、124 頁。

学校教育でドイツ語の指導を徹底したり、半日制の学校を終日制へと移行したりする教育改革なども進められた。また、移民家庭出身の子どもと青少年の支援のための地域活動機関として、地域市民支援機関（RAA）の活動が広がりをみせるようになった。

なお、ヨーロッパではシリアを追われた難民の受け入れという問題に直面したが、ドイツは、ヨーロッパ諸国の人道的な受け入れを先導した。他方で、国内での反対運動や、外国人に対するヘイトクライムも増加している。2016年12月19日夜には、ベルリンのクリスマス・マーケットに大型トラックが突っ込み、多くの犠牲者を出すといったイスラム国信奉者によるテロも起きている。

4. 多文化をめぐる教育の取り組みと課題

「多文化主義は、失敗した」と、メルケル首相は、2010年のキリスト教民主同盟（CDU）の集会で発言した。これは、移民コミュニティの住み分けが進み、統合に失敗している外国人政策の問題にあったといえる。ドイツにおいて、統合を促す社会のための政策が遅れてきた問題が問われているのである。

（1）多文化市民の教育——異文化間教育

ドイツでは、非移民国から移民国への転換を果たす中で、多文化の共生が課題となっている。常設文部大臣会議（KMK）による1996年の勧告は、その対象を外国人からすべての児童生徒へと広げ、外国人教育から異文化間教育への展開がみられた。それが、大幅な改訂が加えられ、2013年には以下のような「異文化間教育勧告」が出されることになった（伊藤、2016）。

同勧告の序論では、異文化間能力が、「自分自身の持つ他者像に

52

自省的に取り組み、これと関連し、そのようなイメージを生み出す社会的な枠組み条件を知り、熟考できる力」として定義され、その育成をめざすことが提言されている。また、異文化間教育を進めていく「四つの基本原則」として、①学校は多様性を当たり前のものとして、同時にすべての者にとっての可能性として認識する、②学校はすべての教科の授業において、そして学校外の活動を通して異文化間能力を獲得することに寄与する、③学校は人間形成に関わる言語能力を獲得するための中心的な場所である、④学校は保護者と積極的に教育のパートナーシップを構築する、が示されている。

勧告にある異文化間教育の考え方は、学校においては、とくに、「歴史」「地理」「社会科」「宗教もしくは倫理」「外国語」「母語授業」「音楽や美術」などの各教科に導入されたり、教科横断的なプロジェクト学習や校外学習などを実施したりする際に指針として機能するものといえる。

（2）学力保障と社会的平等

PISA 調査は、ドイツにおいて、国際的な水準からみて学力が低迷していることを明らかにするとともに、生徒間、地域間、社会階層間に学力の大きな格差があることを浮き彫りにした。その中で、移民の子どもたちの学力問題が焦点の一つとなった。

ドイツでは、学力問題への対応から就学前教育や学校教育において、ドイツ語教育が重視されるようになった。移民の子どもたちの多くは、家庭でドイツ語以外の言葉が使用されており、ドイツ語能力に課題をもつ子どもが少なくない。ドイツ語の習熟を通して、学力の向上を図ることがめざされているといえる。

2002 年の常設文部大臣会議（KMK）の報告書では、就学前教育については、早期の言語促進についての情報開発、親を対象とした

ドイツ語コースの提供、就学前の子どもを対象とした促進措置、ド
イツ語能力に問題がある子どもの特定方法などが課題としてあげら
れている。また、学校においては、言語能力の診断方法、ドイツ語
の獲得に向けた長期的な計画、学校の促進措置に関する評価、言語
学習と教科学習の関連付け、ドイツ語と出身言語、外国語の多言語
教授法の開発などがあげられている。常設文部大臣会議（KMK）
の提言を受けて、各州では、外国につながりをもつ子どもたちのド
イツ語の習熟に向けた取り組みが進められている。

　言語教育に加え、PISAショックを契機に、学力向上が教育課題
となる中で、それまで一般的であった半日制の学校に代わり、終日
制の学校の導入が進められている（布川、2013）。終日制学校への移
行の背景として、学力不振の原因には、社会的に弱い立場にある
家庭、とくに移民家庭の子どもの学習環境が課題とされたのである。
こうした子どもたちに対して授業時間を延長して、補習や課外活動
の教育プログラムを提供することが、とくに移民家庭の子どもの間
のドイツ語能力を改善するために有効な施策として開始されたので
ある。

（3）自文化の学習権と文化的平等

　移民の民族文化や言語の教育をめぐっては、韓国やロシアの文化
センター、トルコのコーラン学校など、ノンフォーマルの文化セン
ターや学習機関を通して進められてきた（木下、2016）。

　学校教育においても、継承語教育について早くから取り組まれて
きた。継承語教育は当初は、出身国の帰国を想定して進められてき
たが、移民の定住化が進む中で、ドイツ語の学習基盤として母語の
維持を目的とするとした考え方が浸透していった（立花、2009）。一
方で、継承語教育は実施されてはいるものの、移民の言語支援は、

ドイツ語の習得に重点が置かれているといえる。

5. 残された課題

移民を受け入れる負の面ばかりが強調されがちであるが、ドイツの経済成長を支えてきたのは、移民であった。にもかかわらず、保守派の間で、「ドイツは移民国ではない」とする考えが長い間根強くあり、外国人労働者に対する対策が遅れたことが指摘されている。

それが、国籍法や移民法を改正し、「移民の国となる」という一大転換を図ることになったのである。一方で、ドイツ人とは法律上はドイツ民族であるということが問われなくなったが、外国につながるドイツ人は、主流集団の間では意識の面で外国人と捉えられる傾向にある。そのため、主流集団のドイツ人意識を変革して、多様性を受け入れられるようになることが大きな課題の一つとなっている。

また、移民や難民を多く受け入れてきたドイツであるが、平行社会が形成されるとともに、イスラム国（IS）によるテロもみられるようになった。移民や難民への風当たりは強くなっており、かれらを排斥しようとする極右政党の躍進も続いている。社会的な格差を克服し、いかに多文化共生を実現していくのかが大きく問われているといえる（**図表5**）。

図表5　ドイツのまとめ

1.国の物語と国家統合の理念	・ドイツの国籍法は、血統主義で、帰化も容易ではなかった。1999年、出生地主義の部分的採用と23歳まで2重国籍を容認することを規定した国籍法に改正され、また、2000年には、移民法が改正された。こうして、ドイツは、非移民国から移民国への転換を果たしたのである。
2.多様性と教育をめぐる歴史的な展開	・ドイツでは、1950年代から、2国間協定により、トルコ、旧ユーゴスラビア、イタリアなどからの外国人労働者を受け入れた。 ・外国人労働者の募集は1973年に終了したが、家族の呼び寄せ、2世の誕生などを理由に、外国人人口の増加傾向はその後も続いた。 ・国籍法（1999）と移民法（2000）を契機に、移民の国として歩み出した。
3.多文化教育の三つの課題への取り組み	・2013年に異文化間教育勧告が出され、すべての子どもを対象に異文化間能力の育成がめざされている。 ・PISAショックを契機に、就学前教育や学校教育において、ドイツ語教育が重視されるようになり、また、終日制学校への移行が進んだ。 ・継承語教育は、学校の内外で実施されているが、ドイツ語の習得に重点が置かれている。
4.直面する課題	・エスニック集団の学力向上が課題である。 ・移民や難民が増加する中で、マジョリティの意識改革を通しての社会統合をいかに進めていくのかが課題となっている。

出典：著者作成。

（注）

(1) 血統主義や出生地主義は、国籍の付与に関わる考え方である。血統主義は、出生地にかかわらず、血統により親の国籍を取得するとするもので、出生地主義は、親の国籍にかかわらず、出生した国の国籍を取得するというものである。

(2) 宮島、2010年、177頁。

（文献）

伊藤亜希子「保育者と移民家庭との異文化間の関係づくりをめざす試み──ドイツの保育施設における事例から」『異文化間教育』30. 2009 年. 78-90 頁.

伊藤亜希子「ドイツにおける異文化間教育の方向性──政策と理論から」京都大学人間・環境学研究科国際研究集会. 2016 年（https://www.youtube.com/watch?v=nnptkPJSf9k　2017.9.　29 確認）.

伊藤亜希子『移民とドイツ社会をつなぐ教育支援──異文化間教育の視点から』九州大学出版会. 2017 年.

木下江美「移民の子どもの教育からみるドイツの統合と多文化社会」園山大祐編『岐路に立つ移民教育──社会包摂への挑戦』ナカニシヤ出版. 2016 年. 53-71 頁.

小林薫「ドイツの移民政策における『統合の失敗』」『ヨーロッパ研究』第 8 号. 2009 年. 118-139 頁.

佐藤成基「『ドイツ人』概念の変容──『○○系ドイツ人』から考える」佐々木てる編『マルチ・エスニック・ジャパニーズ──○○系日本人の変革力』明石書店. 2016 年. 42-69 頁.

中山あおい「言語的、文化的多様性に対するドイツの教師教育」『異文化間教育』25. 2007 年. 35-44 頁.

中山あおい「ドイツの移民児童・生徒に対する支援団体のネットワークと連携」『異文化間教育』28. 2008 年. 21-31 頁.

布川あゆみ「ドイツにおける学校の役割変容──『全員参加義務づけ型』の終日学校の展開に着目して」日本比較教育学会編『比較教育学研究』第 47 号. 2013 年. 160-179 頁.

髙谷亜由子「ドイツ」文部科学省『諸外国の初等中等教育』明石書店. 2016 年. 164 頁.

立花有希「ドイツにおける外国人教育理論の転換点──外国人教育学批判に着目して」『異文化間教育』23. 2006 年. 95-108 頁.

立花有希「ドイツ・ヘッセン州における移民児童生徒に対する二言語教育の展開と課題」『比較教育研究』38 号. 2009 年. 47-64 頁.

浜本隆志・高橋憲編著『現代ドイツを知るための 62 章〔第 2 版〕』明石書店．
　　2013 年．
宮島喬『一にして多のヨーロッパ──統合のゆくえを問う』勁草書房．2010 年．

第3章 フランス
——共和制の理念とライシテ

　2015年11月13日、パリで同時多発テロが発生した。シリア空爆に対抗したイスラム国（Islamic State: IS）によるもので、銃の乱射により130人に及ぶ犠牲者を出す大惨事となった。容疑者の大半はフランス国籍で、シリア難民を装ってフランスに潜入して犯行に及んでいる。2016年7月14日、フランス南部の観光地ニースでトラックテロが起こった。フランス革命を記念する祝日の花火の群衆に大型トラックが2キロにわたり暴走して、80人以上の命が絶たれる悲劇となった。ISの思想に共鳴して過激化した実行犯はモロッコ移民を両親にもつフランス生まれであった。これらのテロの背景には、フランス社会に生きる移民の貧困や社会的な格差の問題があり、社会から受け入れられないと疎外感を感じる移民が少なくないという現実がある。数多くの移民を受け入れてきたフランスでは、移民の社会統合のあり方が問い直されているといえる。

　フランスでは、共和制の理念のもとに多文化社会の統合がめざされてきた。公と私を峻別し、公的な領域では共和国の理念（自由・平等・博愛）に従うことが求められる一方で、私的な領域においては文化的な差異は尊重されることになっている。このような考え方から、公教育では、すべての子どもを対象に、市民性の育成や学力保障がめざされるが、文化的な違いは私的領域に属するもので中心

的な課題とはされない状況にある。

本章では、共和国の理想と非宗教性（ライシテ）といった原則は、社会を統合に導いてきたのか、逆にその分裂を助長してきたのかといった視点から、フランス社会における多様性と教育について検討したい。

1. フランスの基本情報

（1）フランスとは

フランスは、西ヨーロッパに位置する共和制の国家で、およそ55.4万平方キロメートル（日本の1.5倍）の面積を有し、全土に平地のなだらかな丘陵地が多様なモザイク模様を形づくっている。

フランスの人口は、約6,632万人（2015年1月1日、仏国立統計経済研究所）であり、宗教はローマカトリックが多数を占め、プロテスタント、ユダヤ教、イスラム教が続いている。公用語は、フランス語であるが、バスク語、ブルトン語、コルシカ語などの少数言語が数多くある。

フランスは、国内で生まれた者は国籍を取得することができる出生地主義をとっている国である。移民であっても、その子どもはフランスで生まれれば自然にフランス人となることができる。したがって、移民というときは、外国人でフランス国籍を取得した者及び外国で生まれた者をいうが、生まれながらのフランス国籍者の中には、フランス生まれの移民の2世代、3世代も含まれることになる。そのため、フランス在住する人々の9割はフランス人であるが、5世代を遡ると3割は外国人に祖先をもつといわれている。移民の構成は、EU出身者、マグレブ三国（アルジェリア、チュニジア、モ

第3章　フランス──共和制の理念とライシテ

図表1　フランスの概要

正式国名 フランス共和国 French Republic	主要産業 化学、機械、食品、繊維、航空、原子力等 農業は西欧最大の規模。工業においては宇宙・航空産業、原子力産業などの先端産業が発達
国旗 	
	ＧＤＰ 2463（単位：10億ドル）（2016、出典：IMF）
国歌 ラ・マルセイエーズ	通貨 ユーロ
面積 54万4,000平方キロメートル（仏本土、仏国立統計経済研究所）	人口構成 フランス人、バスク人、移民
人口 約6,632万人（2015年1月1日、仏国立統計経済研究所）	宗教 カトリック、イスラム教、プロテスタント、ユダヤ教
首都 パリ	言語 フランス語、バスク語、ブルトン語、コルシカ語
元首 エマニュエル・マクロン大統領（2017年5月就任。任期5年）	在留邦人数 4万1,641人（フランス全土）（2016年10月外務省領事局統計）
政体 共和制	在日仏人数 約1万1,640人（2016年12月法務省入管統計）
議会 2院制　フランス国民議会（下院）、元老院（上院）	

出典：外務省HP「国・地域」の情報をもとに筆者作成。

ロッコ）、トルコを含めたアジア諸国の順となっている（**図表1**）。

（2）フランスの教育制度

　フランス人の学校教育への期待はきわめて高いことが知られている。フランスの教育制度が成立した歴史的な背景をみてみると、「王政の打倒、国民国家の成立、『市民』の主権原理、政教分離など」（レヴィ・アルヴァレス、2009、5頁）があるという。「革命期に動員されたエネルギーは、近代国家形成の原動力になり、国民解放戦争に変貌し、また国内では、言語の統一、国家統合にまで発展」（レヴィ・アルヴァレス、2009、5頁）していったのである。革命を契機として、フランスの教育制度は、「自由、平等、博愛」の理想のもとに、フランス国民の形成と表裏一体の形で構築されてきたといえる（**図表2**）。

　こうした背景から、フランスの教育は、中央集権的な色彩が強く、政府が主導して教育政策を担ってきた。階級社会フランスでは、近年、一部のエリートを中心とした教育システムをより公正で平等なものへと変革していく教育改革が進められてきた。現在は、平等を求めてすべての子どもの学力水準の保障をめざして、義務教育段階で身に付けることが期待される「共通基礎（socle commun）」の育成に向けた教育改革が進められている。

　就学前教育は、幼稚園及び小学校付設の幼児学級で2〜5歳児を対象として行われ、3〜5歳児の在籍率はほぼ100％である。義務教育は、6〜16歳の10年となっている。初等教育は、小学校の5年間であり、小学校から原級留置が行われる厳格な課程主義を採用している。前期中等教育は、コレージュの4年間で、後期中等学校の諸学校に進学する。後期中等学校は、3年間のリセ、2〜3年間の職業リセなどで行われる。

第3章 フランス──共和制の理念とライシテ

図表2 フランスの学校系統図

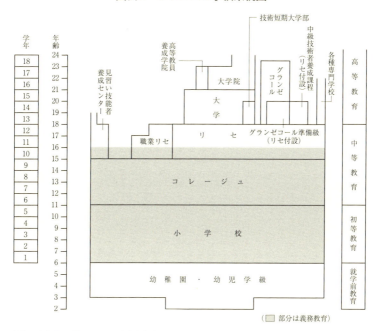

出典:小島佳子「フランス」文部科学省『諸外国の初等中等教育』明石書店、2016年、132頁。

　高等教育は、3年間の学士課程、2年間の技術短期大学部などをもつ国立大学、年限も多様な私立大学、3〜5年間の各種のグランゼコール、2年間のリセ付設のグランゼコール準備級、中級技術者養成課程などで行われる。高等教育に進学するには、国家資格であるバカロレアを取得する必要がある。

2. 国の物語と国家統合の理念

　フランスの国のあり方は、人間の平等と権利を求めた1789年の

市民革命を契機に形づくられている。国民は、共和国の理念（自由・平等・博愛）を共有して、フランス社会を築いていく市民になることが期待された。人種・民族、階級、宗教などの社会的背景にかかわらず、すべての人は等しい権利・義務・責任をもち、社会の形成者になることが期待されたのである。

　共和制では、公私を峻別し、公共的な空間においては、共通の政治的な理念をもち、個人として社会に参画することが求められる。また、公共の場から宗教を排除して、宗教的中立性を維持する非宗教性（ライシテ）の原理が適用される。一方で、私的な領域においては、個人的、宗教的な多様性は認められ、文化的な自由が保障される。したがって、エスニシティや文化的差異にかかわらず、すべての国民に機会が開かれており、すべての者が市民となることが保障されているのである。

　こうした共和制とライシテの原理のもとで、フランスの移民政策は、同化主義の形がとられてきたが、現実には、ムスリム移民の間では、必ずしも社会統合を促すような形で機能してこなかったといえる。その要因には、共和制といっても、カトリック教会が支配的な力をもつ中で、カトリックを主流とした社会の基礎がすでに形成されており、また、宗教をめぐり公私の厳格な区別を求める共和制と公私一体を主張するイスラムの間で齟齬が生まれていることなどが考えられるという（鈴木、2013）。

　フランス社会の多様化が進む一方で、社会から排除されてきた外国につながりのある人々と主流集団の間で交わることのない平行社会が形成されていることが指摘されている。フランスでは、「多文化化した社会状況が明確になっている今日、個人を抽象化できると考える共和国の前提がどこまで通用するのか」（池田、2007、169頁）といった問題が問われている。フランス人全体を包摂し、いか

にインクルーシブな社会へと変えていけるのか、国の物語の語り直しが求められている。

3. 多様性と教育をめぐる歴史的な展開

　フランスは、移民を積極的に受け入れてきた国である。1920年代まではイギリスやベルギーからの移民が多く、スペイン、ドイツ、スイスがそれらに続いていた。1930年代にはその国籍も多様化し、人口の6％を占めるまでになっていた（**図表3**）。

（1）第二次世界大戦以降から1960年代まで

　戦後の経済復興のために不足した労働力を確保するために、スペイン、ポルトガル、イタリアなどの主に南ヨーロッパのキリスト教圏の移民を受け入れていた。それが、1960年代になると、植民地の独立を背景に、イスラム圏である北アフリカ諸国のマグレブ三国（アルジェリア、チュニジア、モロッコ）からの移民が大きく増加することになる。労働力不足と旧植民地への影響力維持のために、こうしたアフリカ系イスラム教徒の移民の流入に制限は加えられるこ

図表3　フランス略史

1789年	フランス革命
1946年	第四共和制発足
1958年	第五共和制成立
1989年	スカーフ事件
1990年	リヨン郊外で暴動
2005年	パリ郊外のクリシ・ス・ボワから暴動
2011年	ブルカ禁止法
2015年	パリ同時多発テロ
2017年	エマニュエル・マクロン大統領就任

出典：外務省HP「国・地域」の情報をもとに筆者作成。

とはなかった。フランスでは、1960年代終わりまでは、国家への一体化を志向する同化主義が一般的であった。

（2）1970〜1980年の統合政策

経済的な停滞により、ＥＣ域外からの移民の導入は1974年に停止された。その一方で、マグレブ移民は家族の呼び寄せという形で増加し続け、定住化が進むことになった。1980年代になると、移民の統合の問題が顕在化してくるようになった。1981年にはリヨン郊外で移民の若者を巻き込んだ暴動が起こった。1989年には後述するような「スカーフ事件」が起こり、宗教的中立性をめぐり大きな論争となった（**図表4**）。他方で、極右の台頭が顕著となり、国民戦線が国政で議席を獲得したり、また、移民排斥をもくろむ爆破事件が起こったりするようになった。

図表4　スカーフ事件

パリ郊外の公立中学校で、イスラム教の象徴でもあるスカーフをかぶり登校し、授業中もはずさなかったため、マグレブ系移民2世の女子生徒に対し校長が出席を禁じたという事件が起こった。

フランスでは、ライシテの原則をもとに、公的空間と私的空間を区別し、公的な場所では宗教を排除する一方で、私的空間では自由が許されるとされていた。この事件は、公立学校における非宗教性を主張する共和派、及び、異なることへの権利を主張する寛容派の間で大きな論争となった。

対立の焦点は、宗教をめぐり、公私一体を主張するイスラム教徒と公私の厳格な区別を要求する共和制派の間の意見の対立である。宗教の多様な選択を保障するためのライシテが、かえって現実的な宗教的実践に制限を加えることになっていないか？ フランス共和国の理念「自由・平等・博愛」を尊重し、個人としての社会に参加するといった前提が、主流のフランス人の文化にすでになっているのではないか？ 外国人や移民を住民としていかに位置付け、多文化を承認しながら、どのように社会を築いていくかがといった問題が問われている。

その後、2004年には、政教分離の原則を守るために、特定の宗教を思い起こさせるような服装の着用は、法的に禁止されることになった。

出典：池田、2001年を参考に筆者作成。

移民に対する教育的な対応については、1970年代に、受け入れ学級が設置（初等：入門学級、補習クラス、中等：適応学級）された。また、出身国の言語や文化を学ぶことを目的に、2国間協定が結ばれ、出身国から派遣された教員による授業が学校の教室を使って実施されたりした。1980年代になると、経済的に困難な地域が教育優先地域（ZEP）として指定されるようになった。ZEPは移民の子どもを対象としたものではなかったが、貧困地域と移民集住地域は重なることも多く、移民の子どもたちの多くが支援を受けられようになったのである。

（3）1990年代以降の「統合の危機」と国民国家の再編成

1990年代以降も、社会統合が引き続き大きな課題であった。例えば、1990年にはリヨン郊外でオートバイに乗った移民の若者が警察の車に追突され死亡したことをきっかけに暴動が広がったり、2005年にはパリ郊外で警察に追われた少年が変電所に逃げ込み感電死するという事件が起こり、フランス全土に暴動が広がったりした。近年では、テロが相次いでいる。2015年にはイスラム教を風刺した週刊誌『シャルリ・エブド』への襲撃、前述した2015年のパリでの同時多発テロ、2016年のニースでのトラックテロなどが続いている。

グローバル経済への対応としては、選別移民法（2006）が制定され、高い技能をもった移民の獲得が促進された。2007年制定の「受け入れ・統合契約」では、一時滞在証、及び、居住者証の取得希望者は、フランスの制度と価値についての公民教育、及び、フランス語のテストを受けることが義務付けられることになった。

この時期、教育をめぐっては、移民を対象とするのではなく、すべての子どもを対象とした教育政策が進められていった。社会統合

の課題に応えて、シティズンシップ教育が重視されるようなり、積極的な社会参加が推進されるようになった。また、2005年のフィヨン法により、すべての子どもの学力の保障をめざして「共通基礎」の習得がめざされるようになった。

なお、注目された2017年の大統領選では、極右政党である国民戦線のマリーヌ・ルペンへの支持がさらに広がり、決選投票にまでもつれることになった。結果的には、中道で無所属のエマニュエル・マクロンがルペンを抑えて大統領に就任することになった。新しい大統領のもとで、多様性をめぐる議論がいかに展開していくのか、今後の動向が注目される。

4. 多文化をめぐる教育の取り組みと課題

（1）多文化市民の育成

フランスの学校においては、共和制と非宗教性（ライシテ）の原則にしたがって、社会の形成に積極的に参画することのできる市民を育成することが求められている。すべての生徒に、共通の知識、ヒューマニズム、民主主義、平等、自由、博愛の価値を伝え、合理的な思考ができる力を育てていくことが必要とされているのである。

そのためフランスでは、1世紀も前から公教育に公民教育が導入され、市民の育成がめざされてきた（鈴木、2013）。政府への不信や反権力の動きの中で、1960年代の終わりから公民の教科はいったんなくなったものの、1985年の学習指導要領において復活し、1990年代半ばになるとシティズンシップ教育へと大きな展開が図られるようになった。シティズンシップ教育は、市民の育成という全体に関わる理念や目的となったことで、教科としての公民科、教

科横断的に行われる公民教育、学校での市民的イニシアチブと呼ばれる教育活動などを通して推進されているのである。

（2）学力保障と社会的平等

①学力支援

移民の児童生徒を対象とした学力向上を目的とする公的な学習支援は実施されていない。一方で、政府は1982年から問題を抱える地域を教育優先地区に指定し、予算等を優先的に配分する政策を導入した。前述のとおり、これらの地域は移民が多く在住する地域と重なるため、移民の子どもの多くはこの補助金による恩恵を受けることになった。

また、すべての子どもの「共通基礎」の習得がめざされているが、詳細な評価の基準や方法が示されており、各領域・項目ごとの評価課題をもとに明確な手続きに従って評価が実施されている。共通基礎を習得することが困難だと判断される場合には、PPRE教育成功個別プログラムが作成され、個に応じた支援措置がとられている。外国につながる子どもたちは学力に課題をもつ割合が相対的に高く、支援の対象となる場合も多い。

②フランス語教育支援

フランスでは、学力向上をめざして、とくにフランス語の習得に力点が置かれている。外国人の受入学級は、1970年の通達より、フランス語を集中的に教える入門学級として始まった。受け入れ可能年限は、原則として1年である。小学校では、入門学級でフランス語を学び、音楽、美術、体育などの教科は原学級で授業を受け、徐々に他の教科にも拡大して、1年後までに原学級へと編入されるのが一般的である（園山、2013）。1973年には、入門学級と同様の

趣旨で、中等教育段階の移民を対象に対応学級が設置された（池田、2016）。

また、2005年の通達では、フランス語教育の充実も重視され、外国人児童生徒のフランス語能力の到達目標として、フランス語能力検定（DELF）が位置付けられ、学業や就職における言語能力のレベルが明確にされた（園山、2013）。

（3）自文化の学習と文化的平等──継承語教育支援

出身国の言語の教育をめぐっては、ポルトガル、イタリア、チュニジア、スペイン、モロッコ、旧ユーゴスラヴィア、トルコ、アルジェリアとの間で2国間協定が締結され、教育課程外ではあるが、学校の教室を利用して実施されている。出身国から派遣された正規教員が授業を担当し、言語と文化の保持を目的とした教育が実施されている（園山、2013）。一方で、共和国の理念において出自による差異化は認められておらず、こうした出身の言語や文化の教育はその教育的意義は必ずしも教育関係者の間で共有されていない状況にある（小山、2016）。出身国の言葉や文化を学ぶ場としてはその他、大都市ではさまざまなレベルの外国語教育講座が設けられている。また、地域のアソシアシオン（NPO法人に相当する市民団体）が継承語教育の支援をしている場合もある。

5．残された課題

パリで発生した同時多発テロは、フランスの移民問題を大きくクローズアップすることになった。移民の是非を問う議論がさかんになっており、移民受け入れに反対する、ルペンの率いる極右政党の国民戦線が近年、大きく躍進している状況もみられる。

背景には、フランス社会の統合が必ずしもうまく進んでいないことがあげられる。外国につながりをもつフランス人の間でホスト社会での経済的な成功がなかなか実現できない一方で、文化的に同化することが強いられる傾向にある。また、日々の生活において偏見や差別を経験し、外国につながりをもつ人々の間で、フランス社会から受け入れられていないという意識が醸成されている。かれらを取り巻くこうした状況の中で、アイデンティティの確認できる第一

図表5　フランスのまとめ

1. 国の物語と国家統合の理念	・公的な空間においては、共和国の理念を共有し、フランス社会の規則を受け入れることが求められ、また、非宗教性（ライシテ）の原則により、公共の場から宗教を排除して、宗教的中立性の維持が必要とされる。一方で、私的領域においては、個人の多様性は保障される。
2. 多様性と教育をめぐる歴史的な展開	・戦後は、経済復興のため南ヨーロッパからの移民を受け入れたが、1960年代になると植民地の独立に伴い、北アフリカからの移民が増加した。 ・ＥＣ域外からの移民の導入は1974年に停止されたが、マグレブ移民は家族を呼び寄せる形で増加し続け、定住化が進んだ。 ・社会統合の課題に応えるために、1990年代になるとシティズンシップ教育が重視されるようなった。
3. 多文化教育の三つの課題への取り組み	・自由、平等、博愛の価値を伝え、合理的な思考のできる市民になるシティズンシップ教育が重視されている。 ・フランス語教育が重視されており、また、教育優先地区の指定により、同地域に集住する移民の子どもが学力向上のための支援を受けている。 ・2国間協定が締結され、教育課程外であるが、学校の教室を利用して、出身国から派遣された正規教員が、言語と文化の保持を目的に授業が実施されている。
4. 直面する課題	・エスニック集団の児童生徒の学力向上が課題である。 ・テロが頻発するようになる中で、排除されてきた移民の社会統合が課題となっている。

出典：筆者作成。

次集団としてエスニシティが捉えられ、エスニックなコミュニティ形成へと向かう心理が働いている。こうした背景が、受け入れ社会との軋轢を生んでいる側面があるように思われる。

　どこまでの範囲を「公」とするのか「私」とするのか、エスニック集団の住み分けの進むフランスにおいて、異なる文化を越えた交流をいかに進めるのか、すべての子どもに対するシティズンシップ教育の推進といった政策のみで、フランス社会は統合に向かうのか、マクロンが大統領に選ばれた今、今後の動向が注目される（**図表5**）。

（文献）

レヴィ・アルヴァレス , C.「フランス人の気質と教育への変奏曲」フランス教育学会編『フランス教育の伝統と革新』大学教育出版 . 2009 年 . 2-15 頁 .

池田賢市『フランスの移民と学校教育』明石書店 . 2001 年 .

池田賢市「フランス──理想的市民像のもつ排他性」嶺井明子（編著）『世界のシティズンシップ教育──グローバル時代の国民／市民形成』東信堂 . 2007 年 . 159-170 頁 .

池田賢市「フランス共和主義の中の外国人教育政策の課題」園山大祐編『岐路に立つ移民教育──社会包摂への挑戦』ナカニシヤ出版 . 2016 年 . 38-51 頁 .

小島佳子「フランス」文部科学省『諸外国の初等中等教育』明石書店 . 2016 年 . 132 頁 .

小山晶子「フランスとイギリスにおける移民の出身言語と文化の教育」園山大祐編『岐路に立つ移民教育──社会包摂への挑戦』ナカニシヤ出版 . 2016 年 . 240-255 頁 .

自治体国際化協会パリ事務所「フランスの移民政策──移民の出入国管理行政から社会統合政策まで」Clair Report No. 362.2011 年 . (http://www.clair.or.jp/j/forum/c_report/pdf/363.pdf（2017.9.30 確認))

鈴木規子「フランス共和制と市民の教育」近藤孝弘編『統合ヨーロッパの市民

性教育』名古屋大学出版会. 2013年. 103-119頁.

園山大祐「フランスにおける移民教育の転換」近藤孝弘編『統合ヨーロッパの市民性教育』名古屋大学出版会. 2013年. 178-194頁.

樽本英樹『よくわかる国際社会学（第2版）』ミネルヴァ書房. 2016年.

増田ユリヤ『移民社会フランスで生きる子どもたち』岩波書店. 2011年.

増田ユリヤ『揺れる移民大国フランス——移民政策と欧州の未来』ポプラ新書. 2016年.

三浦信孝・西山教行編『現代フランス社会を知るための62章』明石書店. 2010年.

宮島喬『現代ヨーロッパと移民問題の原点——1970、80年代、開かれたシティズンシップの生成と試練』明石書店. 2016年.

吉谷武志「フランス——移民の教育から異文化間教育へ」天野正治・村田翼夫編『多文化共生社会の教育』玉川大学出版会. 2001年. 230-243頁.

第4章 アメリカ合衆国
―――自由と平等のポリティックス

　2016年11月8日、共和党のドナルド・トランプ氏が、第45代
大統領に選出された。世論調査の大方の予想を覆し、民主党のヒラ
リー・クリントン候補をおさえ選挙戦に勝利した。「メキシコとの
国境に壁を築く」、「イスラム教徒の入国を禁止する」、女性蔑視の
ビデオ流出など、多様性に対する差別的な言動が注目を集めたこ
ともあり、選挙結果の番狂わせに民主党をはじめ国民の間に大きな
ショックが広がった。選挙後もトランプ大統領の政策に対する抗議
デモが各地で展開している。

　トランプ大統領誕生の背景には、グローバル化する経済の中で、
生活が豊かになるどころか仕事を奪われるなど、その恩恵を受けら
れなかった地方の白人労働者の大きな不満があった。トランプ氏は、
アメリカ第一主義を強調しナショナリズムをあおって、これらの白
人層の票を取り込むことに成功した。移民の受け入れや非合法移民
をやり玉にあげ、反グローバルの経済的政策を訴え、体制に不満を
抱く地方の白人層の支持を獲得したのである。トランプ大統領の登
場により、アメリカ合衆国（以下、アメリカ）の人種関係は、新た
な危機的状況に直面することになったといえるだろう[1]。

　では、多種多様な人々によって構成されるアメリカでは、自由と
平等のポリティックスのもとで、多様性の課題にどのように取り組

もうとしてきたのだろうか。本章では、アメリカにおける多様性と
教育をめぐる歴史的な展開と現状について検討したい。

1. アメリカの基本情報

（1）アメリカとは

アメリカは、北アメリカ大陸に位置し、50 の州と D. C. から構
成されている。371.8 万平方マイル（962.8 万平方キロメートル）と日
本の約 25 倍の広大な面積を誇り、東部のアパラチア山系、南部の
ロッキー、シエラネバダ山系、その中間にミシシッピ流域の中央平
原が位置付く。カナダを挟んだ飛び地にある極寒のアラスカ州や太
平洋上にある常夏のハワイ州なども含まれる。

人口は、3 億 875 万人（2010 年 4 月）で、宗教は、主にキリスト
教を信仰する人々が多い。人種・民族構成は、白人が 75.1%、ヒス
パニックもしくはラティノが 12.5%、黒人／アフリカ系アメリカ人
が 12.3%、アジア系が 3.6%、アメリカ・インディアンが 0.9% など
となっている。人口が 3 億人を超えたアメリカでは、非白人系、及
び、ヒスパニック系の人口増加により、白人が数の上でマイノリ
ティになる日が 21 世紀の半ばに到来することが予想されている（**図
表1**）。

（2）アメリカの教育制度

ここで、アメリカの学校制度の概要をみておきたい（例えば、岸
本 2016）。教育に関する権限が州にあるアメリカでは、地方分権を
基本とした教育制度をとっている。就学前には、連邦政府が進める
ヘッドスタートプログラム、及び、州政府や学区教育委員会のキン

第4章 アメリカ合衆国──自由と平等のポリティックス

図表1 アメリカ合衆国の概要

正式国名 アメリカ合衆国 United States of America 国旗  国歌 星条旗（The Star-Spangled Banner） 面積 371.8万平方マイル（962.8万平方キロメートル、50州・日本の約25倍） 人口 3億875万人（2010年4月　米国国勢局） 首都 ワシントンD.C. 元首 ドナルド・トランプ大統領（2017年1月20日就任） 政体 大統領制、連邦制（50州他） 議会 2院制	主要産業 工業（全般）、農林業（小麦、トウモロコシ、大豆、木材他）、金融・保険・不動産業、サービス業 ＧＤＰ 17兆9,470億ドル（名目、2015） 通貨 米ドル 人種構成　白人75.1%、ヒスパニック・ラティノが12.5%、黒人／アフリカ系アメリカ人12.3%、アジア系3.6%、アメリカ・インディアン0.9% 宗教 信教の自由を憲法で保障、主にキリスト教 言語 主として英語（法律上の定めはない） 在留邦人数 41万9,610人［2015年10月現在、50州］ 在日当該国人数 5万2,271人［2015年末現在］（ただし、外交官、公用滞在者、在日米軍を除く）

出典：外務省HP「国・地域」の情報をもとに筆者作成。

ダーガーテンなどがある。初等・中等教育は合計12年で、その形態は6－3(2)－3(4)年制、8－4年制、6－6年制、5(4)－3(4)－4年制に分けられる。歴史的には8－4年制が主流であったが、その後6－6年制、6－3(2)－3(4)年制が増加し、近年はミドルスクールの増加により5(4)－3(4)－4年制が一般的になっている。高等教育では、総合大学、それ以外の4年制大学、短期大学がある。総合大学は、教養学部のほか専門職大学院、大学院から構成される。それ以外の4年制大学は専門職大学院をもたない単科大学であり、主に教養教育を行うリベラルアーツカレッジが含まれる。短期

図表2　アメリカ合衆国の学校系統図

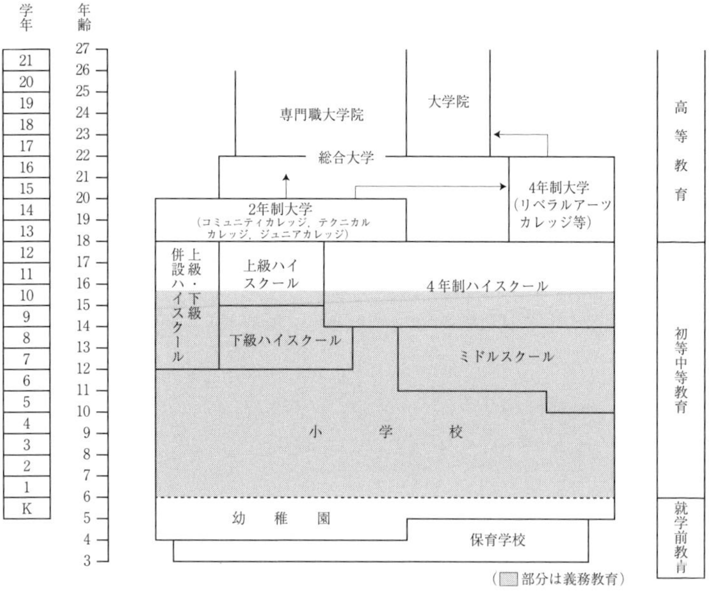

出典：岸本睦久「アメリカ合衆国」文部科学省『諸外国の初等中等教育』明石書店、2016年、36頁。

大学には、コミュニティカレッジ、テクニカルカレッジ、ジュニアカレッジがある（図表2）。

2．国の物語と国家統合の理念

アメリカの国章には、中央にワシが翼を広げ、くわえた布には「多から一つへ（U Prubus Unm）」というラテン語の文字が刻まれている（図表3）。世界中から渡ってきた多様な人々によって構成される多文化社会アメリカにとって、多様な人種・民族や文化集団を統合し「多から一つへ」を実現していくことは、建国以来の大きな課題であった。一方で、その実現のプロセスをめぐっては、保守派と革新派の間で論争が絶えることはなく、自由と平等をめぐるポリティックスが常に存在していた。

1960年代になると、主流文化への同化主義に対する異議申し立てとして、多様性を尊重する文化多元主義の理念を根拠に、黒人をはじめとするマイノリティ間で公民権を求めた運動が大きな展開をみせることになる。平等や福祉を重視する「カラーコンシャス」の革新派が力をもつようになっていったのである。しかし、1980年代になると、主流集団からのバックラッシュが始まり、市場原理や自由競争を重視する「カラーブラインド」の保守派の巻き返し運動が展開するようになる。

図表3　アメリカ合衆国の国章

公民権を求めた運動が築いてきた歴史の延長線上には、2009年の黒人大統領の誕生がある。オバマ

前大統領が成し遂げたアメリカンドリームは、建国以来の課題であった「多から一つを」あるいは「より完全な統合（more perfect union）」への大きな一歩となった。しかし、アメリカ第一主義を掲げるトランプ大統領の登場により、多様性を尊重してきた文化は大きく後退することになった。自由と平等のポリティックスの下で、白人が21世紀半ばにマイノリティになるアメリカ社会の人種関係は多様性をめぐりどこへ向かうのか注目される。

3．多様性と教育をめぐる歴史的な展開

コロンブスがアメリカ大陸を「発見」した当時、アメリカにはすでに100以上の部族、100万人を下らない先住民が住んでいた。その後、アメリカンドリームを求めた多くの人々が世界中から渡米してきたが、中には、黒人のように強制的に連れてこられた人々もいた。1965年の移民法改正により、ヒスパニック系やアジア系にも門戸が開かれ、多民族化が大きく進んでいった（**図表4**）。

図表4　アメリカ合衆国略史

1776年	独立宣言
1787年	合衆国憲法制定
1789年	初代大統領ワシントンの選出・就任
1964年	公民権法
1965年	移民法
1993年	クリントン第42代大統領就任
2001年	ブッシュ第43代大統領就任
2001年	アメリカ同時多発テロ事件
2009年	オバマ第44代大統領就任
2016年	トランプ第45代大統領就任

出典：外務省HP「国・地域」の情報をもとに筆者作成。

（1）第二次世界大戦以降から1960年代まで

「大転換（great transformation）」とは経済学者カール・ポランニーが社会の大きな変容を捉えるために使用した用語であるが、アメリカの社会学者オミとワイナントは、公民権運動を契機とした人種関係におけるパラダイムの転換というべき大きな変化を捉えるためにこの用語を援用している（Omi & Winant、1994）。1950〜1960年代のアメリカは、平等をキーワードに、人種的な社会状況をめぐる大転換の時代であった。

長年にわたる裁判闘争を経た1954年、それまで半世紀以上にわたって支配してきた「分離すれども平等（separate but equal）」の原則を覆す歴史的な「ブラウン判決」がついに勝ち取られた。同判決は、教育機会の平等は分離されない環境のもとで教育的に等しい扱いを受ける必要があると明確に示すものであった。アメリカ社会の人種構造に挑戦した黒人運動は、ヒスパニック系、アジア系、先住民、言語的マイノリティ、女性、障がい者など、その他のマイノリティ集団へと飛び火していくことになる。

公民権運動を背景とした新しい人種関係の中で、教育改革運動としての多文化教育は誕生することになる。1960年代に多文化教育が誕生する背景には、Gay（1983）によれば次の三つの動きが認められるという。すなわち、①公民権運動が、アフリカ系アメリカ人のみならず、ヒスパニック系、アジア系、先住民へと広がりをみせ、②1960年代前後の文化剥奪理論に基づく補償教育プログラムの心理学的な前提が見直され、③教科書分析で明らかにされた人種・民族集団についての表象の欠落、ステレオタイプや誤った情報などへの批判が高揚したことをあげている。

（2）1970 〜 1980 年の統合政策

　1970 年代は、革新派による平等が大きく進展した時代であった。公民権運動はその他の人種・民族集団、女性、障がい者などのマイノリティ集団の権利獲得運動として大きく展開していった。また、ベトナム戦争反対、大学紛争などの体制批判も広がった。

　このようなリベラルな社会思潮の中で、多文化教育の制度化が大きく進んでいった。例えば、全米教員養成大学協会（AACTE）による「一つのモデルでアメリカ人を語ることはできない（No One Model American）」という多文化教育に関する政策声明（1973）、全米社会科協議会（NCSS）による多民族教育カリキュラムガイドラインの開発（1976）、学校経営とカリキュラム開発協会（ASCD）による多文化教育に関する政策声明（1977）、全米教師教育資格認定協議会（NCATE）による多文化教育を教師教育スタンダードの導入（1979）など、70 年代に教育諸専門団体に支持されながら、多文化教育の制度化は大きく進展していった。

　それが、1980 年代になると、市場原理と西洋の伝統を強調する主張のもとに、保守派による本格的なバックラッシュが始まる。レーガン政権が誕生し、市場原理と競争、福祉の削減、規制撤廃、公共事業の民営化といった新自由主義的な政策が強力に推進されていった。教育においては、スタンダードとアカウンタビリティを求める運動として展開した。テストの成績によって結果責任を問う一方で、学校や教師に教育実践の柔軟性を保証し、自由競争を促すことで学力向上を図るという市場原理が導入された。また、21 世紀の半ばには白人がマイノリティになることが予想される中で、社会の紐帯としてスタンダードを構築し、伝統的な価値や知識を正統化していこうという動きでもあった。保守派のバックラッシュの中で、

多文化教育は低迷していくことになる。

（3）1990年代以降の「統合の危機」と国民国家の再編成

　1990年代以降は、保守派と革新派が、自由と平等をめぐり、カラーブラインドとカラーコンシャスの立場からの主張がせめぎ合う時代といえる。

　オバマ政権期を中心にみていくと、新自由主義的な政策に伴いカラーブラインドの言説が流布される中で、黒人大統領の誕生は、ポスト人種時代の到来を意味するとして、人種・民族はもはや意味をもたなくなったと広く喧伝された。しかし現実には、黒人やヒスパニック系に対する警察によるレイシャル・プロファイリングやイスラム教徒に対する偏見・差別のように、人種・民族問題はむしろ深刻化している状況にあった。自由と平等のポリティックスを軸にして、アメリカの人種関係の社会的現実をどう描くのかをめぐり対立する言説が激しく争われているのである（**図表5**）。

　社会の主流を形成する保守派は、スタンダードに基づく教育システムを通して標準化や効率化を進め、共通の価値を同定する新自由主義的な教育政策を推進している。保守派は、右傾化が進んでおり、個人的・経済的な自由を重視する「ティーパーティー（Tea Party）」運動や福音派のキリスト教右派の政治的活動が展開した。自由を希求し小さな政府を求めるカラーブラインドの運動は、マジョリティ中心の社会的な現実を正統化し、現状のアメリカの人種構造を保守することをめざして展開している。

　一方、革新派は、アメリカ社会の多文化化や価値の多様化が進む中で、社会的公正といった観点から、草の根の改革運動を進めている。こうしたマイノリティ集団の不平等な現実の変革をめざした運動は近年、セクシャリティの領域で大きな実を結び、同性婚の合法

図表 5　オバマ大統領の誕生── YES WE CAN.

　2008年11月4日深夜、バラク・オバマ氏が、第44代大統領に選出された。その瞬間、全米各地は、ニューイヤーイブのような歓喜の渦につつまれた。オバマ次期大統領（当時）は、支持者で埋め尽くされたシカゴのグラントパークで、力強く勝利演説をする。

勝利演説「アメリカに変化が訪れた」

　ここにもし、米国では何でも可能だということを疑い、建国者の夢が生き続けていることに疑問を持ち、私たちの民主主義の力に疑念を抱く人がいるなら、今夜がその「答え」だ。

　その「答え」を示したのは（投票所の）学校や教会にできた、3時間、4時間も（投票を）待った人々の列だ。…

　「答え」を出したのは若者や高齢者、裕福な人や貧しい人、民主党員や共和党員、黒人、白人、ヒスパニック、アジア系、ネイティブアメリカン、同性愛者とそうでない人、身体障害者やそうでない人たちだ。米国人は、我々が決して個人の寄せ集めや、単なる赤色の州（共和党）と青色の州（民主党）の集まりではないというメッセージを世界に発信した。

　我々は今も、そしてこれからも、アメリカ合衆国（United States of America）そのものだ。

　その「答え」は、何かを達成できることなど冷笑し、恐れ、疑いとあまりにも長い間、言われ続けてきた人々を、歴史の円弧に手をかけて向きを変え、もう一度、より良い明日のための希望へと導くものだ。

　ここまで来るのに長い時間がかかった。しかし今夜、我々がこの日の選挙で成し遂げたこの瞬間、米国に変革が訪れた。……

　アメリカよ、私たちはここまで来た。多くのものを見てきた。しかし、やるべきことはまだたくさんある。……

　人々を仕事場へと戻し、子どもたちのための機会の扉を開ける時だ。繁栄を取り戻し、平和の大義を促進し、アメリカンドリームを再生し、我々は多からなる一つであり、息をするように希望を持つのだという基本的な真実を再確認する時だ。そして、我々にはできっこないと皮肉を言い、疑う人に出会ったら、人々の精神を集めた不朽の教義で答えよう。「我々にはできる」と。

出典：毎日新聞、2008年1月10日。

化を勝ち取っていった。平等を求めマイノリティの視点に立つカラーコンシャスの運動は、多文化のアメリカ社会の現実を表象し、よりインクルーシブな人種関係への革新を求める運動を推進している。

新自由主義的な教育政策が主流を形成し、低迷する経済のもとで教育予算が著しく削減される中で、多文化教育はきびしい局面を迎えている。他方で、多文化教育の制度化や理論的な発展は進んでおり、社会の周縁の視点からアメリカ社会の権力関係を問うという重要な役割を果たすようになっているともいえる。

そして、トランプ大統領が誕生した。これまでの常識が通用しない言動が続く中で、カラーブラインドとカラーコンシャスの対立はさらに激化していくことが予想される。

4. 多文化をめぐる教育の取り組み

(1) 多文化市民の育成——多文化教育をめぐって

連邦の教育政策においては、カラーブラインドの新自由主義的なアプローチが主流となっており、多文化教育を推進する動きはみられない。公民権法により人種・性別・肌の色・民族・出身地に基づいて、差別をすることを禁止するといった規定はあるが、連邦レベルで文化的多様性を推進する法律はみられない。

他方で、多文化教育に関して新たな展開や進展もみられる。学問領域としての発展はめざましく、全米多文化教育学会（NAME）が設立されたり（1991）、それまでの蓄積された研究成果をレビューするハンドブック（1998、2004）が出版されたりした。また、多文化教育の制度化も大きく進んでおり、全米乳幼児教育学会（NAEYC）スタンダードに多様性の規定が盛り込まれたり、教員の養成・採用・研修に大きな影響をもつ州間教員評価・支援協会（InTASC）のスタンダードに多様性に関する内容が盛り込まれたりしている。多様性を認め尊重するということは、アメリカの教育に

おいてはすでに一般的な合意になっているといえる。

近年の動向としては、多文化教育が社会的な差別構造の克服には必ずしも貢献してこなかったとの反省から、批判的人種理論や批判的多文化主義などの批判的なアプローチが議論されている。

（2）学力向上と社会的平等

学力向上をめぐっては、NCLB（No Child Left Behind）法以降、とくに人種・民族間のアチーブメントギャップに焦点をあてて、その学力格差を解消しようという教育改革が推進されている[2]。

しかしながら、NCLB法は、テストによって結果責任を厳しく問うものであるため、テストを過度に重視する教育政策を助長し、教育の標準化、マニュアル化、教師の脱技能化を進める傾向にある。スタンダードを詳細に設定している州では、マニュアル的な教材も開発され、テストでよい成績をあげることが最優先されているという。こうしたテスト準備教育は、必ずしも十分な効果をあげているとはいえない。その背景には、教育の標準化やドリル学習が広がる中で、体験や探究を促すようなカリキュラムが失われ、文化的に多様なニーズに対応しておらず、学習者の興味や関心から遠い教育に陥っていることなどがあげられる。

（3）自文化の保障と文化的平等

①言語教育をめぐって

言語をめぐっても、英語を重視する保守の立場と多様な言語を尊重する革新の立場との対立がある。すなわち、アメリカにおいて、自分の理解できる第一言語で教育を受けることは、公民権の問題であった。ヒスパニック系を中心とする権利獲得運動の結果、1964年にバイリンガル教育法が成立した。こうした動きを背景に、連邦

の支援を受けてバイリンガル教育プログラムの実践が広がっていった。

それが1980年代になると、イングリッシュ・オンリーの動きが活発になってくる（森茂、2004）。カリフォルニア州における1986年の「住民提案63」の可決を皮切りに、2002年までに半数以上の州で英語を公用語に指定していった。さらに、英語だけを教授言語とすべきとするバイリンガル教育廃止運動が展開し、カリフォルニア州（1998）、アリゾナ州（2000）、マサチューセッツ州（2002）ではバイリンガル教育を廃止する住民投票が可決された。

一方で、こうした潮流への反動として、イングリッシュ・プラスの動きもみられた。1989年には、二言語・多言語併用を認める法律がニューメキシコ州で可決し、その後、オレゴン州、ワシントン州、ロードアイランド州が続いている。

②先住民教育

アメリカン・インディアンの間では、部族語の維持と継承が大きな課題となっている（内田、2001）。1887年のドーズ法の制定により、連邦政府は先住民の教育に介入するようになり、同化教育が推進されてきた。子どもは寄宿学校へと強制収容され、英語の使用やキリスト教信仰が強要される一方で、インディアンの固有の文化は否定されていった。

戦後になると、先住民の就学率も次第に高くなり、1960年代の民族意識の高揚の中で、部族の自治と復興がめざされるようになった。80年代には、保守のバックラッシュを背景に、先住民への支援は大きく後退した。1990年には「先住アメリカ人言語法」が成立することになり、合衆国は先住民の文化と言語の維持に責任を負うことが表明されることになった。90年代になると、部族語の継

承を図るために、学校、コミュニティ、大学の連携が進められるようになったり、バイリンガル教育研究の成果を踏まえ、学習対象の言語そのもので授業を進めるイマージョン方式のプログラムが採用されたりしている。

5．残された課題

　白人が21世紀の半ばにマイノリティになる日が現実になりつつあるアメリカ社会では、人種関係をめぐる保守派の危機意識が高まる一方で、多文化教育をますます必要とする状況を生んでいるといえる。建国以来の課題であった「多から一つへ」「より完全な統一」をめぐり、保守派と革新派の間で多様性をどのように捉えるのかについて大きな論争が展開しているといえる。

　一方で、カラーブラインドの考え方をもとに、市場原理に基づきアカウンタビリティを重視した新自由主義的な教育改革が主流を形成している。他方で、制度的な人種主義は根強く残っており、また、社会格差は確実に広がっている中で、多様なニーズに応えるカラーコンシャスな教育政策が求められている。このような自由と平等のポリティックスがせめぎ合う中で、生き残りをかけた多文化教育がどのような展開をみせるのか今後の動向が注目される（**図表6**）。

第4章　アメリカ合衆国——自由と平等のポリティックス

図表6　アメリカ合衆国のまとめ

1. 国の物語と国家統合の理念	・自由と平等の理念の下に、多様な人種・民族や文化集団を統合して、「多から一つへ」「より完全な統一」を実現することは、建国以来の大きな課題だった。その実現のプロセスをめぐっては、市場原理や自由競争を重視する保守派と平等とは福祉やマイノリティを重視する革新派の間で論争が絶えることはなく、自由と平等をめぐるポリティックスが常に存在していた。
2. 多様性と教育をめぐる歴史的な展開	・公民権を求めた黒人運動はアメリカの人種関係の「大転換」（50〜60年代）をもたらし、70年代には多文化教育の制度化が進んだ。 ・80年代になると、保守派のバックラッシュが「大転換」への反動として展開した。 ・1990年代以降から現在にかけては、保守派と革新派による自由と平等のせめぎ合いが続いている。
3. 多文化教育の三つの課題への取り組み	・文化的な多様性の尊重が課題になっており、教師教育などの教育スタンダードに多様性の内容が盛り込まれている。 ・英語力を伸ばす目的で、ＥＳＬ教育やバイリンガル教育が実施されており、NCLB法により学力格差を縮めることがめざされている。 ・継承語を維持するためのバイリンガル教育や黒人やラティノの文化を重視する教育が一部実施されている。
4. 直面する課題	・制度的な人種主義は根強く残っており、また、白人がマイノリティになる時代が現実的になる中で、自由と平等のポリティックスのもとで、「多から一つへ」の理想をいかに実現していくのかが課題となっている。

出典：筆者作成。

（注）

（1）人種とは、白人や黒人など肌の色など身体的な特徴の差異に基づいて分類された集団をいう。しかし、これまでの研究から、遺伝子レベルでは、平均的な白人と黒人との間の違いは、集団内にある違いよりも少ないことがわかっており、生物学的にはもはや意味をなさない。にもかかわらず、ある人が白人であるかどうかは、人間の差異を判断する基準として、人々の行為や行動を左右し、毎日の生活の中で大きな意味をもっている。人種は、

本質的な実体ではなく、社会的に構築されており、その社会的な意味はつねに変容しながら、社会関係を規定する基準として生き続けているのである。

(2) 2015 年 12 月に NCLB 法は改正され、すべての児童生徒が成功する（ESSA）法として州の権限が強化されたが、基本的な方向性は変わっていない。

（文献）

内田綾子「アメリカ先住民族の言語復興と教育―― 近年の動向から」『言語文化論集 23（1）』2001 年. 21-35 頁.

岸本睦久「アメリカ合衆国」文部科学省『諸外国の初等中等教育』明石書店. 2016 年. 35-90 頁.

松尾知明『アメリカ多文化教育の再構築――文化多元主義から多文化主義へ』明石書店. 2007 年.

松尾知明『多文化教育がわかる事典――ありのままに生きられる社会をめざして』明石書店. 2013 年.

松尾知明「アメリカ合衆国の多文化教育――自由と平等のポリティックスの視点から」オセアニア教育学会編『オセアニア教育研究』第 21 号. 2015 年. 37-51 頁.

南川文理『アメリカ多文化社会論――「多からなる一」の系譜と現在』法律文化社. 2016 年.

森茂岳雄「多文化主義をめぐる議論」小田隆裕他編『現代のアメリカ』大修館書店. 2004 年. 486-497 頁.

Gay, G. "Multiethnic Education: Historical Development and Future Prospects, " *Phi Delta Kappan*、*64(8)*, 1983, pp.560-563.

Omi, M.& Winant, H. *Racial Formation in the United States: From the 1960s to the 1990s (2nd ed.)*, Routledge, 1994

第5章 カナダ
——多文化主義法をもつ国

　2015年11月4日、ジャスティン・トルドーが第23代首相に就任し、保守党から自由党へと10年ぶりに政権が交代した。彼は、世界に先駆け多文化主義の政策の導入を表明した元首相であるピエール・トルドーを父親にもつ。新しい政権では、30人の閣僚のうち半数を女性が占め、また、インドから移民したシーク教徒のハルジット・サジャンが国防相に、カナダ先住民のジョディ・レイブルドが法務相に、アフガニスタンからの難民であったマリアム・モンセフが民主制度相に就くなど、カナダの多様性を象徴的に示す構成となっている。

　カナダは、国内にフランス系の比較的大きな第二の集団を抱えていたため、その集住するケベック州の分離独立を回避し、いかに国としてまとまるのかがつねに大きな課題であった。広大な土地を満たすために継続的に移民の受け入れ政策が進められ、カナダ社会の民族構成も大きく変化してきた。また、多文化主義政策のもとで、先住民の権利回復が議論されてきた。多様な人々からなる多元的な社会において、カナダ人としてのアイデンティティの形成がこれまで模索し続けられてきたといえる。

　では、カナダでは、どのようにして多文化主義へと舵が切られるようになったのだろうか。また、いかなる多文化主義の政策が進め

られ、多様性に対応する教育が実現されてきたのだろうか。本章では、カナダにおける多様性と教育をめぐる歴史的な展開と現状について検討したい。

1. カナダの基本情報

（1）カナダとは

カナダは10州と3準州から構成される連邦制国家であり、世界第2位の面積998.5万平方キロメートル（日本の約27倍）をもつ。国土の5分の2はツンドラ気候で、冬の寒さは一般に厳しいが、太平洋側の南部はメキシコ湾流の影響で温和である。多くの移民を受け入れてきたカナダは、言語や社会階層の多様な人々で構成される多文化社会を構成している。人口は、約3,515万人（2016）で、イギリス系が40％、フランス系27％、その他、ドイツ系、イタリア系、華人、先住民などで構成されている。宗教は、ローマカトリック系が約半分を占め、公用語は英語と仏語である。

カナダでは、アングロフォン（英語が母語である人）が最大の集団であるが、第二の集団としてフランコフォン（フランス語が母語である人）がおり、公用語がフランス語であるケベック州に集中している。一方、多くの移民を受け入れているカナダでは、アロフォン（母語が英語でもフランス語でもない人）の割合が年々大きくなっている。

カナダで先住民とは、1982年憲法により、インディアン、メティス、イヌイットを指すとされている。インディアンとは先住民族の総称で、現在では、ファーストネーションズと呼ばれる。メティスとは毛皮交易を行っていたヨーロッパ人と先住民族との間に生まれ

第5章 カナダ——多文化主義法をもつ国

図表1　カナダの概要

正式国名 カナダ（Canada） 国旗  国歌　オー・カナダ（O Canada） 面積 998.5k㎡（世界第2位、日本の約27倍） 人口 約3,515万人（2016年国勢調査） 首都 オタワ 元首 エリザベス2世女王（但し、総督が女王の代行を務める。総督　デービッド・ジョンストン） 政体 立憲君主制（イギリス型議院内閣制と連邦主義に立脚） 議会 2院制	主要産業 金融・保険・不動産などのサービス業、製造業、建設業、鉱業、農林業（カナダ統計局） GDP 1兆5,505億米ドル（2015年、World Bank） 通貨 カナダ・ドル 人種構成　英国系（40%）、フランス系（27%）、ドイツ、イタリア、中国、ウクライナ系など。先住民（3%） 宗教 ローマン・カトリック（加国民の約半分近く） 言語 英語、フランス語が公用語 在留邦人数 7万174人（2016年10月1日現在外務省統計資料） 在日カナダ人数 1万34人（2016年12月末時点　法務省統計資料）

出典：外務省HP「国・地域」の情報をもとに筆者作成。

た子孫をいう。イヌイットは、極北地域に主に居住しているイヌイット語を母語とする人々のことである（**図表1**）。

（2）カナダの教育制度

カナダでは教育の権限は州にあり、先進国で唯一、連邦政府に教育関係を所管する部署をもっておらず、州の独立性が高い。各州大臣の間の調整連絡機関として、カナダ州教育担当大臣協議会（Council of Ministers of Education, Canada: CMEC）は設置されているが、情報の共有が主な目的で、教育政策を策定しているわけではない。カナダ憲法における言語及び宗教上のマイノリティへの公的支援に関する条項を受けて、例えばオンタリオ州では、英語系公立学校、フランス語系公立学校、英語系カトリック学校、フランス語系カトリック学校の4種類の学校があり、それらに対応した教育委員会も4種類ある。

学校体系も州によって異なっている。例えば、オンタリオ州では幼稚園と1〜8学年を初等学校、1〜12学年を中等学校と設定している。アルバータ州では幼稚園と1〜6年生を小学校、7〜9年生を中学校、10〜12年生を高等学校として設定している。カナダは、多様な子どもたちの間の学力格差が小さく、国際的な学力調査では上位を占めている。

カナダの高等教育には、20の大学とカレッジなどがある。大学では学位が、カレッジでは学位ではなく証明書などが授与される。カレッジから大学へ編入する制度も整備されている（**図表2**）。

第5章 カナダ——多文化主義法をもつ国

図表 2 カナダの教育制度

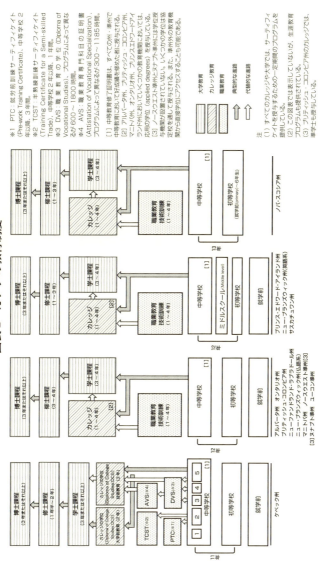

※1 PTC: 就労前訓練サーティフィケイト (Pre-work Training Certificate), 中等学校 2 年以降, 3 年間。
※2 TCST: 半熟練職訓練サーティフィケイト (Training Certificate for a Semi-skilled Trade), 中等学校 2 年以降, 1 年間。
※3 DVS: 職業教育の学位 (Diploma of Vocational Studies)。プログラムによって異なるが 600〜1800 時間。
※4 AVS: 職業教育専門科目の証明書 (Attestation of Vocational Specialization)。プログラムによって異なるが 300〜1185 時間。

[1] 中等教育修了証明書は、すべての州・準州にて中等教育に相当する成績を修めた者に与えられる。
[2] アルバータ州、ブリティッシュ・コロンビア州、マニトバ州、オンタリオ州、プリンスエドワードアイランド州においていくつかの教育機関においては、応用の学位 (applied degrees) を授与している。
[3] ノースウエスト準州とヌナブト準州には大学位授与機関が設置されていないが、いくつかの学位は各州によって協定を通じて授与されている。また、準州外の教育機関から通信学校にアクセスすることも可能である。

□ 大学教育
▨ カレッジ教育
▤ 職業教育
⇧ 典型的な進路
⇨ 代替的な進路

注
(1) すべてのカレッジやトレント大学では、サーティファイ サイトを授与するための一定期間のプログラムを提供している。
(2) この図表では表示していないが、生涯教育プログラムも提供されている。
(3) ブリティッシュ・コロンビア州のカレッジでは、進学も提供している。

出典：CICIC(Canadian Information Center for International Credentials) の HP(HYPERLINK "https://www.cicic.ca/docs/postsec/grahics/Education%20Systems_Canada.pdf" https://www.cicic.ca/docs/postsec/grahics/Education Systems_Canada.pdf) 下村智子による訳および作成。

2. 国の物語と国家統合の理念

　カナダは、インディアンやイヌイットといった先住民に加え、2大建国の民族であるイギリス系とフランス系、19世紀後半以降に計画的な移民受け入れ事業により世界中から渡ってきた移民などから構成されている。国家的なアイデンティティは、これらの集団間の関係を通して形成されていった。

　とくに、多くの人口を占める2大集団であるイギリス系とフランス系の力学の影響がその基礎にあった。フランス系住民は人口の上では第二の集団であるが、ケベック州では多数を占めている。フランス系の間では、社会経済的格差を背景に主流を形成するイギリス系への不満を抱えており、60年代には「静かな革命」と呼ばれる独立運動も広がった。こうしたケベック州の分離独立を回避するために、フランス系の文化を保障し、社会的地位の向上を意図して、二言語・二文化主義が提唱されることになったのである。

　一方、移民の流入により、イギリス系やフランス系以外の集団の勢力も見過ごすことはできなくなっていった。英仏のみが覇権を握ることへの異議が、ウクライナ系やドイツ系などのエスニック集団から唱えられることになった。こうした批判に応えて、トルドー首相（当時）は、1971年に「二言語・多文化主義」の採用を宣言することになる。こうして、二言語を中心にしつつも、多文化を尊重していくという考え方が、カナダ社会の国家統合の基本的枠組みとなったのである。その考えは、憲法の多文化主義条項、さらには、世界で初めての多文化主義法に制度化されていった。

　それが、1980年代以降、カナダ社会の多様性はいっそう進み複雑化していく中で、二言語・多文化主義という基本理念についての

批判も聞かれるようになった。マイノリティ集団からの文化的権利の保障の主張に応えて、憲法に基づき公費より運営されていた宗教別・言語別学校の存在も問題視されるようになっている（児玉、2015）。カナダの多様性は時代とともに変化してきており、共生のあり方の問い直しが常に議論されているといえる。カナダ社会の多文化化が今後ますます進むことが予想される中で、二言語・多文化主義という基本政策がどのように展開していくのかが注目される。

3. 多様性と教育をめぐる歴史的な展開

　カナダにおいて、植民地を最初につくったのはフランス系であったが、イギリスからの進出が進み、フランスとの覇権争いに勝利すると、イギリス系住民への同化が求められるようになっていった。カナダへの移民の第一の波は、1896年の小麦などの穀物価格の上昇を契機に、英米、東欧、中欧からの移民が急増した（木村、1997）。第二の波は、1919年から1930年までで、東欧、中欧からの農業移民の受け入れが促進された。第三の波は、第二次世界大戦直後に始まりヨーロッパの戦禍を逃れたヨーロッパ移民が到来した（**図表3**）。

図表3　カナダ略史

1867年	英領北アメリカ法によりカナダ連邦結成（自治が認められたが、外交権、及び、憲法改廃権は英国に帰属）
1926年	バルフォア宣言により、英国から外交権を獲得
1965年	カナダ国旗の採用
1967年	ポイントシステムの導入
1971年	二言語主義の枠内での多文化主義を宣言
1982年	カナダ憲法により、英国から憲法改廃権を完全移管
1988年	世界で初めての多文化主義法の制定
2015年	ジャスティン・トルドーが第23代首相に就任

出典：外務省HP「国・地域」の情報をもとに筆者作成。

（1）第二次世界大戦以降から1960年代まで

　移民政策は、1962年の新移民法の施行を契機に、ヨーロッパ出身を優先する移民の受入れ規制が撤廃され、1967年には、年齢、学歴、公用語能力、技能などが得点化され、その点数の高い移民を優先的に受け入れるポイントシステムの移民法が導入された。この法律を契機に、その後、アジア、アフリカ、中東出身である肌の色や文化の違いのために可視化されやすい「ビジブル・マイノリティ」の著しい増加を招来することになった。

　1960年代になると、ケベック州において、多数を占めるフランス系住民の間で、分離独立を志向した「静かな革命」と呼ばれるナショナリズムの高まりがみられるようになった。カナダでは、イギリス系住民が社会の主流を形成する中で、英語話者と仏語話者の間の社会経済的格差は大きく、フランス系住民の間で不満をもつ者も少なくなかったのである。

　こうした分離独立の動きを抑えるために、連邦政府は、1963年に二言語・二文化主義王立委員会（RCBB）を設置した。RCBBによる提言に基づき、カナダでは1969年に公用語法が制定され、英語とフランス語がカナダの公用語となったのである。

（2）1970〜1980年代の統合政策

　二言語・二文化主義の枠組みは、イギリス系とフランス系のみが優遇されるとして、ウクライナ系、ドイツ系など他のエスニック集団からの反発を生むことになった。全国的に反対運動が広がったが、これに対応して、政府は英仏系以外の集団のカナダでの役割や文化的貢献に関する調査を実施することにした。その結果は、1969年にRCBB報告書の第4巻『その他のエスニック集団の文化的貢献』

第5章　カナダ——多文化主義法をもつ国

図表4　カナダ多文化主義法

（前文）　カナダ憲法は、すべての個人は法の前、及び、法のもとに平等であり、差別されることなしに、法の平等な保護と利益に対する権利を有し、また、すべての者は、良心・宗教・思想・信念・意見・表現・平和的集会・結社の自由を有し、それらの権利と自由を男性と女性に等しく保障することを定めている。

また、カナダ憲法は、カナダ人の多文化的遺産を維持し高揚することの重要性を認めている。

また、カナダ憲法は、カナダの先住民の権利を認めている。

また、カナダ憲法、及び、公用語法は、英語とフランス語がカナダの公用語であり、また、いかなる他の言語に関して獲得されかつ享受された、いかなる権利や特権を廃止したり傷つけたりしないことを定めている。

また、カナダ政府は、カナダ社会の基本的特性として、人種・国家的または民族的起源、皮膚の色、宗教に関してカナダ人の差異を認め、また、カナダの経済的・社会的・文化的・政治的生活におけるすべてのカナダ人の平等性を達成するためにつとめる一方、カナダ人の多文化的遺産を維持し、高揚するために計画された多文化主義の方針に専念すると誓っている。

それゆえに、ここに、女王陛下はカナダの上・下院の助言と同意によって、次のように制定する。

カナダの多文化主義政策
（多文化主義政策）
（1）これによって、次のことがカナダ政府の政策であることを宣言する。
　（a）多文化主義がカナダ人社会の文化的・人種的差異を反映しており、カナダ人の文化的遺産を維持し高揚し、共有するために、カナダ人社会のすべての構成員の自由を認めるという理解を認識し、促進する。
　（b）多文化主義がカナダ国民の遺産とアイデンティティの基礎的特性であり、それがカナダの将来の形成に計り知れないほど貴重な源泉をもたらすものであるとの理解を認識し、かつ促進する。
　（c）持続する発展及びカナダ人社会のすべての局面の形成において、すべての起源の個人、及び、共同社会の完全かつ公正な参加を促進し、またこのような参加へのいかなる障害の排除においても彼らを援助する。
　（d）その構成員が共通の起源及び、カナダ人社会への歴史的貢献を共有し、かつ彼らの発展を高揚する共同社会の存在を認める。
　（e）すべての個人が、彼らの差異を尊重され、高く評価されると同時に、法のもとで平等の扱いと平等の保護を受けることを確保する。
　（f）カナダの社会的・文化的・経済的・政治的機関がカナダの多文化的性格に敬意を示し、かつそれを包括するように促し、援助する。

99

(g) 異なる起源の個人及び共同社会の間の相互作用から起こる理解と創造性を促進する。
(h) カナダ社会の差異ある文化の認識と正しい理解を育成し、またそれらの文化の反映と発展する表現を促進する。
(i) カナダの公用語の地位と使用を強化する一方で、英語とフランス語以外の言語の使用を維持し、増進する。
(j) カナダの公用語への国家の公約と調和して、カナダ全土に多文化主義を前進させる。

出典：西川長夫・渡辺公三・G・マコーマック編『多文化主義・多言語主義の現在——カナダ・オーストラリア・そして日本』人文書院、1997年、284-286頁。

として議会に提出された。

同提言を受けて、トルドー首相（当時）は、1971年に「二言語主義の枠内での多文化主義」の導入を宣言することになった。公用語はそれまでのとおり英語とフランス語であったが、英仏以外のいずれのエスニック集団の文化も優劣はないとしたのである。1973年には多文化主義局が設置され、二言語・多文化主義は、政府の公式な政策として推進されることになった。こうした理念はその後、1982年に憲法の多文化主義条項で確認されることになり、さらに、1988年には世界で初めての「多文化主義法」が制定されることになった（**図表4**）。

多文化主義へと踏み出したこの時期、多様性を尊重する多文化教育の実践もまた大きく進展することになった。一方で、権力や不平等な社会構造などへの視点が弱いとして、より批判的な反人種差別教育が注目を集めるようになった。

（3）1990年代以降の「統合の危機」と国民国家の再編成

1990年代になると、市場原理を重視する新自由主義や伝統的な価値に回帰する新保守主義といった思潮が、カナダにも影響を及ぼすようになった。一方で、異質性が大きいビジブル・マイノリティ

が急増する中で、カナダ全体の関心が社会統合に向かっていくことになった。多文化主義が社会統合の障壁となっているといった指摘も聞かれるようになり、多文化主義政策の廃止や縮小を唱える動きもみられるようになった。

1993年に政権をとった自由党は、多文化主義政策を経費削減の対象にした。多文化主義局は、遺産省に引き継がれ、移民問題への対応としては、シティズンシップ・移民省が設置されることになった。カナダ社会がますます多様化する一方で、多文化主義を推進する動きは長い間低調なままであった。

2015年11月4日、ジャスティン・トルドーが首相に就任し、政権交代が実現した。2017年1月28日、トランプ氏が大統領令でイスラム教徒の入国を制限した事態への批判を込めて、トルドー首相は「迫害、テロ、戦争から逃れている人々へ。カナダ人は信仰にかかわらず皆さんを歓迎する。多様性は私たちの力です。カナダへようこそ」とツイートし、大きな話題となった。

4. 多文化をめぐる教育の取り組み

(1) 多文化市民の育成

カナダでは、シティズンシップ教育に力が入れられている。連邦レベルの取り組みをみてみると、シティズンシップ・移民省は、移民の受け入れと市民権取得を所轄し、定着過程プログラムを実施している。また、「シティズンシップ週間」を設定するとともに、学校で活用するための活動事例集を発行している。また、遺産省は、多文化主義を推進し、青少年プログラム等を展開している。

学校教育においては、日常生活や学校行事において、シティズン

シップの育成が推進されている。例えば、教室には国旗が掲げられていたり、11 月の戦没者追悼記念日には厳粛な式典が行われたりしている。学習内容については、連邦レベルのカリキュラムはないが、各州・準州において、総合的なテーマ学習（大西洋諸州、アルバータ）、「文化と社会」などの学際的教科（ブリティッシュ・コロンビア、ユーコン、サスカチュワン）、特定教科（オンタリオ）など、社会科を中心に多様な取り組みがある（岸田、2007）。オンタリオ州を例にあげると、初等教育段階で、社会科において実施されており、中等学校段階では、シティズンシップの育成を主たる課題とする「カナダ・世界学習」がある。また、コミュニティにおいて、40 時間以上のボランティア活動が卒業要件となっている。

（2）学力保障と社会的平等

1990 年代になると、カナダにおいても、州標準テストの導入、教育の中央集権化、地域教育委員会の統廃合など、教育の標準化や効率化が進み、新自由主義的な政策が推し進められていった。一方で、主流集団の視点からの歴史や伝統的な価値を称賛する新保守主義の影響のもとで、それまでの多様性を尊重する政策への異議が唱えられるようになった。

連邦などの行政文書の分析によれば、現在、リベラルな社会的公正から経済的競争力や社会統合へと言説が移行しているという（Joshee & Johnson、2007）。多様性の再定義が行われ、多様性を受け入れてきたヨーロッパ人の「私たち」、閉鎖的で、寛容性のない「他者」といった 2 項対立の形で、多様性を問題として捉える言説がみられるようになったという。

一方で、カナダでは、新自由主義や新保守主義の方向にすべてが取って代わられたわけではなく、社会的公正や多文化主義を支持し

て、批判的な議論を展開する余地も残されている。例えば、オンタリオ州のトロントではアフリカ系中心主義の学校が設立されたり、アルバータ州ではキリスト教以外を信仰するエスニック集団の言語や文化を学習するバイリンガル・プログラムも実施されたりしているなど、多様性を重視した教育への展開もみられる（児玉、2017）。

（3）自文化の学習と文化的平等

1982年の憲法によって、マイノリティの言語は、継承語として認められることになった（児玉、2011）。継承語教育は、いずれの州においても、州の補助金を受けながら進められている。例えば、カナダ中西部のアルバータ州では、1971年の学校法改正以後、公立学校や分離学校といった公費学校の全授業時間のうち、50％までの時間に限り、公用語（英語あるいはフランス語）以外の言語を教授言語として使用することが認められている。現在、バイリンガル・プログラムには、ウクライナ語、ドイツ語、中国語、ポーランド語などのマイノリティ言語と英語によるものがある。

一方、先住民の教育をめぐっては、長い間、アングロコンフォーミティの同化主義の下で厳しい状況にあった。先住民の子どもは、寄宿学校に隔離され、母語を話すのを禁じられ、文化や宗教は否定されていた。1960年代になると、権利の獲得をめざす先住民運動が展開した（岸上、2010）。1973年にはカナダ最高裁によるニガ判決が下され、条約を締結していない先住民の権原（諸権利が発生する根拠）は消失していないとされた。この課題に応えて、カナダ政府は1974年に先住民権益審議局を創設し、先住民の土地の所有権や生業権、言語権などについて政治的な話し合いを始めた。先住民の諸権利は1982年憲法によって守られることが明記され、1995年には先住民の政治的な自治を容認する政策が打ち出され、言語や文

化を継承する教育も推進されるようになっている。

5. 残された課題

　カナダは、多様性を重視し、多文化主義を推進してきた。一方で、国内の民族構成の変化や力学に伴い、多様性にいかに対応するかについては、いくつかの変遷を経験してきている。

　1960 年代には、ケベック州の分離独立を回避するために、フラ

図表5　カナダのまとめ

1. 国の物語と国家統合の理念	・カナダは、ケベック州の独立分離を回避するために、二言語・二文化主義が提唱されるようになり、英仏が覇権を握ることへのその他のエスニック集団による批判に応えて二言語・多文化主義が採用されることになった。1988 年には、世界で初めての多文化主義法が制定された。
2. 多様性と教育をめぐる歴史的な展開	・1960 年代になると、ケベック州において、フランス系住民の分離・独立を志向したナショナリズムが高まった。また、1962 年の新移民法によりヨーロッパ移民を優先する規制が撤廃され、ビジブル・マイノリティが著しく増加した。 ・カナダでは、1971 年に公式な政策として「多文化主義」が採用され、1988 年には多文化主義法が制定された。 ・多文化主義政策の廃止や縮小を唱える動きもみられるようになる一方で、シティズンシップ教育が重視されるようになった。
3. 多文化教育の三つの課題への取り組み	・カナダでは、シティズンシップ教育に力が入れられており、取り組みは州により異なるが、社会科を中心にカリキュラムに取り入れられている。 ・エスニック集団の学力を保障することを目的の一つとして、ESL 教育やバイリンガル教育が実施されている。 ・継承語教育は、いずれの州においても、州の補助金を受けながら進められている。
4. 直面する課題	・カナダの多様性が変化する中で、二言語・多文化主義についての問い直しが議論されている。

出典：筆者作成。

ンス系の文化や言語の尊重、社会的格差の解消を意図して二言語・二文化主義がとられるようになった。こうしたイギリス系とフランス系の2大集団を中心とする枠組みに対し、その他のエスニック集団からの批判が発せられたため、多様性を配慮して二言語・多文化主義へと修正されることになった。その後、カナダ社会の多様化がさらに進む中で、英仏以外のエスニック集団からの文化的権利の保障が主張され、2大集団を中心とした伝統的な枠組みに対する問い直しも議論されている。

　カナダにおける多文化共生のあり方は、国内外の状況の中で、常に変化しているといえる。トルドー首相のもとで、カナダがどのような変容をみせていくのか、今後の動向が注目される（**図表5**）。

（文献）

加藤普章「カナダの多文化主義の意味するもの」西川長夫・渡辺公三・マコーマック, G. 編『多文化主義・多言語主義の現在——カナダ・オーストラリア・そして日本』人文書院 . 1997 年 . 75-91 頁 .

岸上伸啓「カナダの先住民——同化からふたたび自律へ」飯野正子 .・竹中豊編『現代カナダを知るための 57 章』明石書店 . 2010 年 . 54-58 頁 .

岸田由美「カナダ——『多文化』と『社会』をつなぐ教育」嶺井明子編『世界のシティズンシップ教育——グローバル時代の国民／市民形成』東信堂 . 2007 年 .

木村和男「多文化主義宣言への道」西川長夫・渡辺公三・マコーマック, G 編『多文化主義・多言語主義の現在——カナダ・オーストラリア・そして日本』人文書院 . 1997 年 . 55-74 頁 .

児玉奈々「カナダにおけるマイノリティの言語・教育文化と共同体主義的な多文化主義——アルバータ州エドモントンの教育の動向から」江原裕美編『国際移動と教育——東アジアと欧米諸国の国際移民をめぐる現状と課

題』明石書店 . 2011 年 . 330-346 頁 .

児玉奈々『多様性と向きあうカナダの学校──移民社会が目指す教育』東信堂 . 2017 年 .

小林順子「カナダ──多文化社会に対する教育政策の概観」江原武一編『多文化教育の国際比較──エスニシティへの教育の対応』玉川大学出版部 .2000 年 .59-94 頁 .

関口礼子・浪田克之介編『多様社会カナダの「国語」教育──高度国際化社会の経験から日本への示唆 (カナダの教育)』東信堂 . 2006 年 .108-120 頁 .

Joshee, R. & Johnson, L. *Multicultural Education Policies in Canada and the United States*, UBC Press, 2007.

第6章 オーストラリア
―――アジア太平洋国家をめざして

　オーストラリアは、1989年にアジア太平洋経済協力会議（Asia-Pacific Economic Cooperation: APEC）を提唱し、第一回のAPECは首都キャンベラで開催された。APECは、アメリカ、カナダ、オーストラリアなどのヨーロッパ系諸国と日本、中国、東南アジア諸国連合（Association of Southeast Asian Nations: ASEAN）などのアジア諸国などを傘下に、異なる文化や言語からなる地域統合が構想されたのであった。

　オーストラリアがAPECを提唱することになった背景には、多文化主義国家としてある程度の成功を収めてきたという自信があった（関根、1997）。すなわち、オーストラリアは第一に、白豪主義（White Australian Policy）と呼ばれる有色人排斥政策を採用していたが、経済的な理由から、それとは対極にある多文化主義を採用し、アジア系の難民や移民の受け入れを推進してきた。第二に、宗主国であった英国とのつながりが薄れ、日米との関係を強化することで、アジア・太平洋国家へと大きく踏み出してきた。第三に、市民社会の理念やルールを重視する共和制モデルの国家であり、移民、難民、先住民の多様な文化や言語を受け入れることができてきた。

　現実的な国内外の状況への対応から、オーストラリアは結果として、多文化主義国家としての歩みを続けてきたといえる。オースト

ラリアによる APEC の提唱は、多様な文化、宗教、言語を包含する多文化主義的地域統合の実現への挑戦だったのである。

　では、オーストラリアでは、どのようにして白豪主義から多文化主義へと転換し、その後、いかなる展開があるのか。多文化共生に向けて多文化教育をいかに進めているのか。本章では、オーストラリアにおける多様性と教育のあり方について検討したい。

1．オーストラリアの基本情報

（1）オーストラリアとは

　オーストラリアは、6 州 2 直轄区から構成される連邦国家である。南半球のオーストラリア大陸に位置し、その面積は 769.2 万平方キロメートルで、日本のおよそ 20 倍の広大な国土をもつ。オーストラリアは大陸とタスマニア島などからなり、大陸は東部の山地、中央の低地や砂漠、南部の台地が広がっている。

　人口は、約 2,391 万人（2015 年 10 月）で、アングロサクソン系などの欧州系が中心であるが、近年、移民の増加が著しく、海外で生まれた人の割合は全体の 4 分の 1 を占める。その出身国をみると、イギリス、ニュージーランド、中国、インド、イタリアと続くが、近年では、出身地域がヨーロッパからアジア・アフリカへと変化し、国籍・地域も多様化している。また、先住民として、黒い肌をもつアボリジニが在住している。宗教については、キリスト教 61％、無宗教 22％（2011 年国勢調査）となっている（**図表 1**）。

図表1　オーストラリアの概要

正式国名 オーストラリア連邦 Australia 国旗  国歌　「進め 美しのオーストラリア」 （Advance Australia Fair） 面積 769万2,024平方キロメートル（日本の約20倍、アラスカを除く米国とほぼ同じ） 人口 約2,391万人（2015年10月。オーストラリア統計局） 首都 キャンベラ（人口約39.6万人 [2016年6月。出典：オーストラリア統計局]） 元首 エリザベス2世女王（英国女王兼オーストラリア女王）。但し、連邦総督（2014年3月28日、ピーター・コスグローブ元国防軍司令官が就任）が王権を代行。 政体 立憲君主制 議会 2院制	主要産業 第一次産業2.2%、第二次産業26.9%、第三次産業70.9%、農林水産業（2.2%）、鉱業（9.5%）、製造業（6.3%）、建設業（8.3%）、卸売・小売業（9.1%）、運輸・通信業（8.0%）、金融・保険業（9.5%）、専門職・科学・技術サービス（6.2%）など（2015-16年度のGDP産業別シェア、出典：オーストラリア統計局） ＧＤＰ 1兆2,239億米ドル（2015年、IMF World Economic Outlook April 2016） 通貨 オーストラリアドル 人種構成 アングロサクソン系等欧州系が中心。その他に中東系、アジア系、先住民など 宗教 キリスト教61%、無宗教22%（2011年国勢調査） 言語 英語 在留邦人数 8万9,133人（2015年10月1日現在、出典：平成27年度海外在留邦人数統計） 在日オーストラリア人数 9,674人（2016年6月末日、出典：法務省在留外国人統計）

出典：外務省HP「国・地域」の情報をもとに筆者作成。

（2）オーストラリアの教育制度

　連邦制をとっているオーストラリアでは、教育の権限は州にある。そのため、義務教育の年限や中等教育の開始学年なども州によって異なる。一方で近年、教育制度の統一化や共通化が進んでいる。

　学校制度は州・直轄区によって異なるが、就学前教育（1年）、初等教育（6～7年）、中等教育（5～6年）と、全体で13年間となっている。就学前教育は義務ではないが、ほとんどの子どもが経験している。義務教育は、タスマニア州を除いて、開始年齢は6歳で、修了年齢はすべての州で10年生の終わりまでとなっている。初等教育は、州によって異なるが、1～6年生もしくは1～7年生までとなっている。中等教育は、7～12年生もしくは8～12年生まである。後期中等教育は、中等教育修了の資格認定を伴う11と12年生となっている。大学などの進学を目的としたプログラムの他に、職業教育訓練（vocational education and training: VET）プログラムや職業見習いも準備されている。12年生を修了して各州の中等教育修了資格（senior secondary certificate of education）を取得する。

　中等後教育は、高等教育と職業教育訓練に分けられる。高等教育は、連邦政府や州政府の設置する公立大学、私立大学、カレッジ、その他の私立カレッジなどから構成される。職業教育訓練には、各州政府が設置する技術継続教育機関（technical and further education: TAFE）がある（**図表 2**）。

第6章 オーストラリア——アジア太平洋国家をめざして

図表2　オーストラリアの教育システム

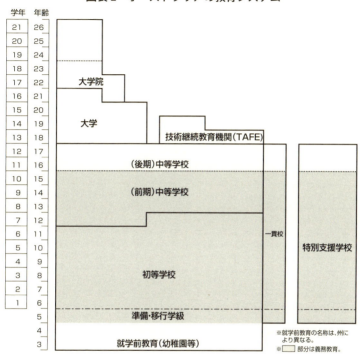

出典：青木麻衣子・佐藤博志編『新版　オーストラリア・ニュージーランドの教育—グローバル社会を生き抜く力の育成に向けて』東信堂、2014年、ⅹⅴ頁。

2．国の物語と国家統合の理念

　オーストラリアでは、イギリス系がマジョリティを形成し、アングロコンフォーミティによる同化主義が進められる一方で、有色のエスニック集団を排除する白豪主義がとられてきた。

　それが、1970年代後半になると、国の生き残りをかけて、アジ

111

ア太平洋国家になることがめざされるようになった（関根、1997）。宗主国である英国とのつながりが薄れる中で、安全保障や経済的な理由により、アメリカや日本との関係が深められるとともに、アジアからの移民や難民の受け入れを推進していった。国内の多文化化が進む中で、カナダを見習い、政策として多文化主義が採用されることになった。さらに、APEC を提唱し、アジア太平洋を中心とした地域統合の推進を図ろうとしているのである。

　オーストラリアでは、国家的な政策として白豪主義から多文化主義へと転換されたが、多文化主義の内実も時代によって大きく変容してきている。当初、移民への公的支援として多文化主義を推進する社会福祉政策が制度化され、80 年代にエスニック集団の社会参加は大きく進むことになった。それが、多文化主義の議論をめぐっては、エスニック集団を対象にするものではなく、すべてのオーストラリア人を対象とするシティズンシップを強調するものへと変容していった。また、国家財政の悪化を背景に大幅な予算カットが断行され、新自由主義的な政策が推進されていった。近年では、「生産的多様性（productive diversity）」といった概念も使われるようになり、オーストラリア経済に貢献できるかどうかの視点から多様性の問題が議論されるようになっている。

　オーストラリアは、制度として多文化主義政策を推進したため、移民の間で福祉政策は実質的に進んだが、国益の観点から多様性を管理するといった性格が強かった。新自由主義的な経済が浸透し、多文化主義の内実が変容していく中で、エスニック集団の視点からの実践の捉え直しを進めることが課題になっているといえる。

112

第6章　オーストラリア——アジア太平洋国家をめざして

3．多様性と教育をめぐる歴史的な展開

　オーストラリアは、1888年に始まる流刑植民地から、一般植民地へと発展し、1901年に六つの植民地が連邦を形成して英国の自治領となり、1941年に連邦国家として独立した。政治・経済面で英国に依存してきたが、20世紀の半ばから日米との結びつきを深め、アジア太平洋国家への転換を図っている（**図表3**）。

（1）第二次世界大戦以降から1960年代まで

　第二次世界大戦において、英国の海軍は日本軍に破れ、その南進を食い止めることができなかった結果、オーストラリアは、本土のダーウィンへの侵攻を許すことになった。大戦後になると、英国は、アジア太平洋地域の覇権を次第に失っていくことになる。こうした

図表3　オーストラリアの略史

1770年	英国人探検家クックが現在のシドニー郊外、ボタニー湾に上陸、英国領有宣言
1788年	英国人フィリップ海軍大佐一行、シドニー湾付近に入植開始、初代総督に就任
1901年	豪州連邦成立（六つの英国植民地の請願により連邦が憲法を制定。連邦制を採用）（現在6州2特別地域）
1942年	英国のウェストミンスター法受諾（英国議会から独立した立法機能取得）
1972年	ポイントシステム導入
1975年	連邦高等裁の英国枢密院への上訴権を放棄
1978年	ガルバリー報告
1984年	市民権法
1986年	オーストラリア法制定（英国からの司法上の完全独立）
1989年	「多文化国家オーストラリアのための全国計画」発表
1992年	マボ判決
1999年	共和制移行の是非を問う国民投票（立憲君主制の継続）

出典：外務省HP「国・地域」の情報をもとに筆者作成。

113

国際情勢の変化を受けて、英国との関係が見直される一方で、オーストラリアは、日米との関係を深めていった。また、大陸防衛と経済復興のために、イギリス系の移民だけでは足りず、低賃金労働者として非英語系の南欧や東欧からの移民の導入計画を進めた。この時期、増加する移民に対して、特別な政策はとられることはなく、教育においては同化主義が基本であった。

（2）1970〜1980年の統合政策

　白豪主義をとっていたオーストラリアは、1970年代になると経済的な発展のために、非ヨーロッパからの移民や難民を積極的に受け入れざるをえなくなった。1970年代半ばには、東南アジア地域の政治的安定と低賃金労働者の確保のために、インドシナ難民を多量に受け入れ、1980年代には中国留学生、台湾・香港からの中国系移民が増加した。こうした国内の人口構成の急速な多様化に対応して、1970年代後半には、白豪主義から多文化主義へと大きく政策転換されることになった。すなわち、1978年の『移民のサービスと計画』（ガルバリー報告書）を受け、連邦政府は国の基本方針として多文化主義を採用することにしたのである。教育分野では、言語教育に加えて、オーストラリア社会の多様性やエスニック集団を学習するプログラム、偏見や人種差別を克服するプログラムが開発されることになった。

　1980年代になると、多文化主義の議論は、エスニック集団からすべてのオーストラリア人を対象にするものに変わっていった。経済的な後退や多文化主義への反発などを背景に、1983年、ホーク労働党政権は、多文化関係機関を廃止した。また、連邦レベルの役割は終えたとして、1986年には多文化教育に対する補助金は停止され、その継続は州や準州にゆだねられることになった。

114

1987 年には、新たに言語に関する国家政策を打ち出し、言語教育は多文化教育とは独立して展開していくことになる。コミュニティ言語は、英語以外の言語（LOTE: languages other than English）と総称され、積極的に推進されることになった。

1989 年には、「多文化国家オーストラリアのための全国計画」の文書が作成され、オーストラリアにおいて多文化主義が何を意味するのかを定義するとともに、八つの目標とその実現に向けた計画が示された（**図表 4**）。

（3）1990 年代以降の「統合の危機」と国民国家の再編成

1990 年代以降は、多文化主義の用語は使われなくなり、その代わりに、シティズンシップが強調されるようになった。1990 年半ば、キーティング首相（当時）は、オーストラリア人としてのアイデンティティの重要性を指摘し、多文化国家としてのナショナル・アイデンティティの確立を提唱した。

1996 年に、多文化主義に懐疑的なハワード政権が成立すると、多文化的な要素がシティズンシップとして捉えられるようになった。また、「デモクラシーの発見」プログラムを通して、シティズンシップ教育が推進されていった。

2000 年代以降は、シドニー・オリンピック（2000）の開会式でみられたように、先住民の歴史や文化の捉え直しが進んだ。一方で、多文化主義は、新自由主義的な政策のもとで、多様性を活用してオーストラリア経済に利益をもたらすものとする主流の白人によって管理された言説が展開していった（塩原、2011）。「生産的多様性」といった概念が強調され、国内の文化的・言語的多様性を企業の生産性向上や市場開拓に結びつけるなどの議論が進められた。

115

図表4　多文化国家オーストラリアのための全国計画

「多文化国家オーストラリアのための全国計画」は、1989年7月に労働党のホーク首相が発表したオーストラリア政府の多文化政策に関する基本方針と、その実施計画である。87年4月に設けられた多文化問題諮問委員会と、総理府多文化問題局が作成に当たった（多文化社会研究会編訳、220頁）。

多文化主義とはなにか

　一言で述べるならば、多文化とは現代オーストラリアの文化的、民族的多様性をわかりやすく表現する言葉である。オーストラリアは多文化社会であり、今後も多文化社会であり続けるだろう。

　多文化主義は、国の政策としては、この多様性に応えるよう立案された施策を包含している。多文化主義は移民の選択にはなんらのかかわりももっていない。多文化主義は文化的な多様性から生まれた状況を、個人と社会全体の利益のためにうまく取り扱う政策である。

　連邦政府は多文化政策を三つの側面でとらえている。

（1）文化的独自性　すべてのオーストラリア人が、慎重に定義された枠の中で、言語と宗教を含むそれぞれの文化的伝統を表現し、分かち合う権利。

（2）社会主義　すべてのオーストラリア人が、待遇を機会の平等を享受し、人種、民族、文化、宗教、言語、性、出生地などの障壁から自由になる権利。

（3）経済的効率　すべてのオーストラリア人が、その背景にかかわりなく、技能と才能を維持し、発展させ、これを効率的に用いる必要性。

　この多文化主義の範囲は、全国計画（同上、226頁参照）に明示された八つの目標に示されている。この多文化主義は、アボリジニ系か、アングロ・ケルト系か、非英語圏出身であるか、またオーストラリア生まれか、外国の出身であるかを問わず、すべてのオーストラリア人に平等に適用される。……（同上、221-222頁）

　連邦政府は多文化主義の明確な定義を打ち出すとともに基本的な原則として、1988年に多文化問題諮問委員会が提起した八つの目標を承認した。これらの目標は次のようなものである。

1 すべてのオーストラリア人は、オーストラリアに対する義務を負い、国家の利益を増進するための責任を分かち合うべきである。

2 すべてのオーストラリア人は、人種、民族、宗教、文化に根ざす差別からの自由という基本的権利を享受すべきである。

3 すべてのオーストラリア人は、平等の機会を享受し、政府が地域社会に代わって運用する財源の公平な利用の機会と、公平な配分に預かるべきである。

4 すべてのオーストラリア人は、完全な社会参加の機会と、直接自分たちに影響のある決定に完全にかかわる機会をもつべきである。

> 5 すべてのオーストラリア人は、オーストラリアの経済的、社会的発展のためにその
> もつ潜在能力を開発し、活用すべきである。
> 6 すべてのオーストラリア人は、英語と英語以外の言語の能力を取得し、異文化への
> 理解を育成する機会を与えられるべきである。
> 7 すべてのオーストラリア人は、各自がそれぞれもつ文化的伝統を育成し、共有すべ
> きである。
> 8 オーストラリアの諸機関は、オーストラリア社会の文化的多様性を認識し、反映し、
> それに対応すべきである。
> 　「多文化国家オーストラリアのための全国計画」は、これらの目標に沿って構築さ
> れた。本計画は行動優先分野を目標として掲げ、長期目標に合致するよう立案された
> 一連の具体的な施策を決めている（同上、225-226 頁）。

出典：多文化社会研究会編訳『多文化主義——アメリカ・カナダ・オーストラリア・イギリスの場合』
　　　木鐸社、1997 年、220-222 頁、225-226 頁。

4. 多文化をめぐる教育の取り組み

（1）多文化市民の育成——シティズンシップ教育

　オーストラリアでは、国家的な政策として多文化主義が進められてきたが、その重点は、エスニック集団からすべてのオーストラリア人へと移行してきた。また、多文化主義の言葉が使われなくなる傾向にある一方で、シティズンシップ教育が推進されるようになっている。

　近年の動きをみてみると、オーストラリアでは、各州・直轄区の合意のもとに、オーストラリア・カリキュラム（the Australian Curriculum）の開発と実施という歴史的な事業が進められている（ACARA、2011）。ナショナルカリキュラムでは、学習領域の一つとして、「公民及びシティズンシップ（Civics and Citizenship）」が位置付けられ、シティズンシップ教育が進められている。また、育成すべき汎用的能力の一つとして異文化理解があり、学習領域を通して、異文化理解の能力育成が進められている。さらに、学際的カ

リキュラム優先事項として、先住民、アジア、持続可能性の項目が
設定されており、シティズンシップに焦点をあてつつも多様性に対
応するための汎用的能力の育成がめざされている。

(2) 学力向上と社会的平等

　オーストラリアにおいて、多文化教育で重視されてきたのが、移
民の子どもたちへの英語や継承語をめぐる言語教育である。60 年
代までは同化主義のもとで特別な配慮はなかったが、英語を話さな
い子どものニーズに応えるために、1971 年に連邦政府による財政
支援が始まり、ESL プログラムが制度化されていった。

　それが、エスニック集団からすべてのオーストラリア人へと対象
が変わる中で、英語以外の言語（LOTE）教育が推進されていくよ
うになる。移民の継承語の教育を保障するとともに、アジア諸国と
の経済的な関係強化をするためにアジア諸言語の学習を拡充させて
いくというねらいもあった。

　先住民教育への連邦政府の補助金は、奨学金として 1960 年代後
半に始まった（伊井、2014）。1970 年代になると、先住民の代表が
教育政策の策定に参加する場が設定されるようになった。1990 年
代になると、全国規模の共通目標が設定されるようになり、アボリ
ジニとトレス海峡島嶼国系に関する国家戦略（1996-2002）なども進
められた。2010 年以降も、格差是正を目標として、アクションプ
ランが立案され、個別の学習計画も実施されている。それが、近年
では、アジア言語が重視される中で、韓国語、日本語、中国語のバ
イリンガル教育プログラムを実施する学校を設置する州もある。

(3) 自文化の保障と文化的平等──先住民への対応

　継承語教育については、学校内外での取り組みがみられる（伊井、

2014)。学校教育では、全国で103言語が教えられており、この中には68の先住民言語（2003）も含まれるが、英語以外は必修ではない。一方、学校以外でも、放課後や土曜日に、エスニック・コミュニティースクールが開かれており、69言語が教えられている。

　一方、「白い豪州に黒い歴史あり」といわれるように、オーストラリアでは、黒い肌をしたアボリジニの先住民に対する暴行・虐殺の歴史がある。アボリジニの子どもたちを強制的に母親から引き離し、白人社会に同化することを強要した経験をもつ。2000年のシドニー・オリンピック開会式では、先住民の歴史や文化を捉え直すパフォーマンスが演じられ、先住民がそれまでは含まれていなかった多文化主義の一部として包含される契機となった。また、バイリンガル教育は、先住民の言語の継承という視点から実施されてきている。

5．残された課題

　オーストラリアは、白豪主義をとり、イギリス系のみがマジョリティを形成し、アングロコンフォーミティによる同化主義が進められてきた。それが、国の生き残りをかけて、アジア太平洋国家化を進めており、アジアからの移民を受け入れ、政策として多文化主義を採用した。

　オーストラリアでは、直面する課題に応えて、国の進める多文化主義という政策のあり方も変容してきた。当初は、エスニック集団に対する福祉的な政策が中心であった。それが、エスニック集団からオーストラリア人全体へと焦点が移行され、シティズンシップ教育が推進されるようになった。

　近年は、新自由主義のもとで経済的な利益を追求する視点からの

多文化主義の議論が広がりをみせている。これは、主流のオーストラリア人による多様性の管理であり、マイノリティの視点を必ずしも反映したものではない。したがって、社会的公正や平等の視点から、マイノリティの社会参加を促すインクルーシブな多文化主義へと捉え直しが今後の課題となっているといえる（**図表5**）。

図表5　オーストラリアのまとめ

1. 国の物語と国家統合の理念	・白豪主義をとり、イギリス系のみがマジョリティを形成し、アングロコンフォーミティによる同化主義が進められてきた。それが、国の生き残りをかけて、アジア太平洋国家化が進められるようになり、アジアからの移民の受け入れに対応して、政策として多文化主義が採用されている。
2. 多様性と教育をめぐる歴史的な展開	・戦後、イギリス系の移民だけでは足りず、南欧や東欧、非ヨーロッパからの移民や難民を積極的に受け入れ始めた。 ・1970年代に白豪主義から多文化主義へと国家政策が転換され、多文化教育の取り組みが進んだが、80年代後半には大幅な予算削減がなされた。 ・1990年代にはシティズンシップ教育が重視されるようになり、ナショナルカリキュラムの学習領域の一つに位置付けられた。
3. 多文化教育の三つの課題への取り組み	・ナショナルカリキュラムでは、学習領域の一つとしてシティズンシップ教育が位置付けられた。また、育成すべき汎用的能力の一つに、異文化理解があげられ、さらに、学際的カリキュラム優先事項として、先住民、アジア、持続可能性の項目が設定されている。 ・英語能力に課題のある子どもを対象に、ＥＳＬ教育が進められている。また、先住民の学力向上の取り組みがある。 ・継承語の維持を目的に、学校でもコミュニティ言語の教育が提供されており、放課後や土曜日にエスニック・コミュニティースクールが開かれている。
4. 直面する課題	・多様性の管理を超えた、社会的公正や平等の視点からの多文化主義へと捉え直しが課題となっている。

出典：筆者作成。

（文献）

青木麻衣子・佐藤博志編『新版　オーストラリア・ニュージーランドの教育
　　──グローバル社会を生き抜く力の育成に向けて』東信堂. 2014年. xv頁.

伊井義人「学校における多文化・多言語教育とマイノリティ」青木麻衣子・佐
　　藤博志編『オーストラリア・ニュージーランドの教育──グローバル社
　　会を生き抜く力の育成に向けて』東信堂. 2014年. 43-58頁.

伊井義人編『多様性を活かす教育を考える七つのヒント──オーストラリア・
　　カナダ・イギリス・シンガポールの教育事例から』共同文化社. 2015年.

飯笹佐代子『シティズンシップと多文化国家──オーストラリアから読み解く』
　　日本経済評論社. 2007年.

塩原良和『変革する多文化主義へ──オーストラリアからの展望（サピエンティ
　　ア）』法政大学出版局. 2010年.

塩原良和「隠された多文化主義──オーストラリアにおける国家統合の逆
　　説」日本移民学会編『移民研究と多文化共生』御茶の水書房. 2011年.
　　20-37頁.

関根政美『多文化主義社会の到来』朝日新聞社. 2000年.

関根政美「多文化主義国家オーストラリアの誕生とその現在」西川長夫・渡辺
　　公三・マコーマック, G編『多文化主義・多言語主義の現在──カナダ・
　　オーストラリア・そして日本』人文書院. 1997年. 147-164頁.

総理府内閣官房多文化問題局「多文化国家オーストラリアのための全国計画」
　　多文化社会研究会編訳『多文化主義──アメリカ・カナダ・オーストラ
　　リア・イギリスの場合』木鐸社. 1997年.

Australian Curriculum, Assessment and Reporting Authority (ACARA), *The
　　Shape of the Australian Curriculum Ver.3.0*, ACARA, October 2011.

第7章 ニュージーランド
——二文化主義と多文化主義の葛藤

　ニュージーランド（NZ）では、新しい国旗を採用するかどうかの国民投票が実施された。1回目（2015年11月20日〜12月11日）の国民投票では新国旗案が選定され、2回目（2016年3月3日〜24日）の国民投票では現行国旗と新国旗案のいずれにするかが決定されることとされた。新国旗案は、**図表1**のように、NZのシンボルであるシダのシルバーファーンの模様を配した図柄となった。国旗変更の是非をめぐり、現行の国旗は、イギリスの植民地の象徴であり、オーストラリア国旗との区別がつきにくいといった賛成意見がある一方で、100年以上使用してきたものであり、また、国旗変更には多大の費用がかかるなどの反対意見があった。3月30日に最終結果が発表され、現行の国旗を引き続き使用するとした票が

図表1　ニュージーランドの現行国旗（左）と新国旗（右）案

全体の 56.6％、新国旗へ変更するとした票が 43.2％であった。結局、国旗の変更とはならなかったが、国旗という国家の象徴をめぐって、ＮＺとはいかなる国かを問い、国民的なアイデンティティを振り返る機会となった。

　ＮＺでは、先住していたマオリとの間に、後から入植してきたイギリス人が 1840 年にワイタンギ条約（Treaty of Waitangi）を交わし、二文化主義が国としての基本的な枠組みとなってきた。それが近年、とくに 1987 年の国別制限を撤廃した移民法改正以降、アジアからの移民が急激に増加し、多文化主義への政策転換が議論されるようになっている。本章では、NZ における二文化主義と多文化主義のせめぎ合いなどに焦点をあてながら、多様性と教育をめぐる動向や課題について検討したい。

1. ニュージーランドの基本情報

（1）ニュージーランドとは

　ＮＺは、南太平洋に位置し、北島と南島を中心とする島々から構成されている。ＮＺは、1642 年にオランダの探検家タスマンによって「発見」され、1769 年に英国の探検家キャプテン・クックが上陸を果たすことになった。ニュージーランドという名称はタスマンによって命名されたものであるが、先住していたマオリの言葉ではアオテアロア（Aotearoa）といい「白く長い雲のたなびく国」という意味をもつ。その面積は、2 万 7,534 万平方キロメートル（日本の約 4 分の 3）で、約 469 万人（2016 年）を数える人口は、オークランド、クライストチャーチ、ウェリントンなどの都市に集中している。公用語は英語とマオリ語、手話（2006 年より）となっている。

124

第7章　ニュージーランド——二文化主義と多文化主義の葛藤

図表2　ニュージーランドの概要

正式国名 ニュージーランド New Zealand 国旗 	主要産業 国際競争力をもつ一次産品が輸出の6〜7割程度。酪農製品、肉類、林産品、機械類が主力。最近ではバイオテクノロジーを含む科学技術分野や映画製作等にも力を入れている GDP 1,723億米ドル（2015年6月末統計）
国歌 「神よニュージーランドを守り給え」 (Aotearoa/God Defend New Zealand)	通貨 NZドル
面積 27万534平方キロメートル（日本の約4分の3）	人種構成 欧州系（74％）、マオリ系（14.9％）、太平洋島嶼国系（7.4％）、アジア系（11.8％）、その他（1.7％）（2013年国勢調査）
人口 約469万人（2016年統計局［暫定］）	宗教 48.9％がキリスト教（カトリック約26％、以下英国国教会、長老会、メソディストの順）（2013年国勢調査）
首都 ウェリントン（約20万人、2015年ウェリントン市議会）	
元首 エリザベス2世女王（英国女王） 総督パッツィー・レディー（Hon. Dame Pasty Reddy、GNZM、QSO）（2016年9月着任、5年の任期）	言語 英語、マオリ語、手話（2006年以降） 在留邦人数 1万8,706人（2016年10月、外務省海外在留邦人数調査統計）
政体 立憲君主国 議会 1院制	在日NZ人数 3,095人（外国人登録数）（2016年12月末日）在留外国人統計（法務省）

出典：外務省HP「国・地域」の情報をもとに筆者作成。

NZ の人種・民族構成は、欧州系（74％）、マオリ系（14.9％）、太平洋島嶼国系（7.4％）、アジア系（11.8％）、その他（1.7％）となっている。先住民であるマオリは当初多数を占めていたが、パケハ（白人）の流入により少数派に転じた。ここで、マオリとは、先住民の間で、白人と区別するために用いられた言葉で、普通の人を意味する。一方、パケハは、白人、イギリス系のヨーロッパ人をさす。太平洋島嶼国系は、サモア、トンガ、ニウエ、クック諸島、ゴケラウ、フィジー、ツバルソロモン諸島などの太平洋諸国出身者とその子孫をいい、1950 年代以降、主に肉体労働、製造業の労働力として移住してきた人々である。1980 年代後半以降になると、移民法の改正により、多様な背景をもつ人々が流入するようになったが、とくに、アジア系からの移民が急増することになった（**図表2**）。

（2）ＮＺの学校制度

　ＮＺは、世界に先駆けて義務教育の無償化（1877）、女性の参政権を実現したり（1919）、核のもち込みや使用を全面禁止した非核法（1984）を立法化したりと、革新的な政策を進めてきた福祉国家であった。

　それが、1973 年のイギリスの EC 加盟、それに続く２度の石油危機を契機に国家財政はひっ迫していき、小さな政府を指向する新自由主義的な政策への転換を余儀なくされることになった。教育分野においては、1989 年の教育法による大胆な教育改革が断行されることになった。教育委員会制度を廃止し、学校の運営をする学校理事会を基本に、学校の自律的経営が行われることになった。学校の質保証については、第三者評価機関として国に教育評価局（Education Review Office: ERO）を設置し、学校の評価・支援を進めることになった。

第7章　ニュージーランド——二文化主義と多文化主義の葛藤

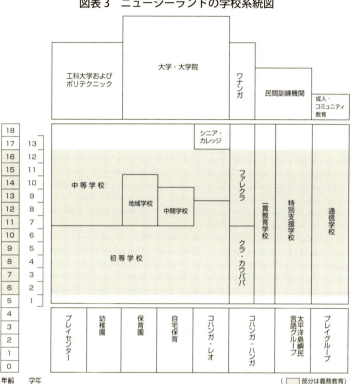

図表3　ニュージーランドの学校系統図

出典：青木麻衣子・佐藤博志編『新版　オーストラリア・ニュージーランドの教育——グローバル社会を生き抜く力の育成に向けて』東信堂、2014年、xvi頁。

　就学前教育は、1986年という世界的にみても早い時期に幼保一元化を達成し、教師が主導する幼稚園や保育園、家庭的保育施設などや保護者が主導するプレイセンター、コハンガ・レオなどがある。

　義務教育は、6歳から16歳までとなっている。初等教育は、Year1からYear8まであり、都市部の子どもたちの多くはYear7とYear 8を中間学校で学ぶ。中等教育はその後の5年間で、

Year9からYear13までである。農村部では中間学校と中等学校を一緒にして7年制としている学校もある。Year11からYear13までは、統一資格制度（National Certificate of Education Achievement: NCEA）に従って資格の取得をめざす。高等教育には、大学、高等技術専門機関（ポリテクニクス）、ワナンガ（マオリの高等専門機関）、私立の高等教育機関がある（**図表3**）。

2. 国の物語と国家統合の理念

NZの国章は、王冠と盾を挟んで、白人の女性とマオリの酋長の男性が位置している。盾は、北島と南島、その間に白色のクック海峡が表現されている（**図表4**）。

この国章にもみられるように、NZにおける人種関係は、ワイタンギ条約に基づき、マオリとパケハとの二文化主義を基本にしてきた。二文化主義の考え方は、マオリの視点から捉えると、例えば以下のとおりである（Sullivan、1994）。

・二文化主義は、文化的多様性に価値を置き、支持する二つの集団の間での平等やパートナーシップである。

・マオリがアオテアロア／NZの最初の住民として認めるものである。

・ワイタンギ条約のマオリの解釈は、アオテアロア／NZの建国の文書として認知するものである。

・二文化主義は過去の不公正を正し、先住民を再びエンパワーすることに関わっている。この原理が暗に示すのは、1世紀半にわたる文化支配の後、マオリが自らの道を決定し、非マオリとのパートナーシップをもってマオリの発展について自己決定するという事実を認めることである。

一方で、国内の多文化化により多文化主義の政策が要請されるようになっている。1987年の移民の国籍制限の撤廃により、アジア系移民が大きく増加しており、国内の民族構成が大きく変化していくことが予想されている。例えば、人口の推計によれば、2013年から25年経った2038年には、パケハが74.6%から65.5%に、アジア

図表4　ニュージーランドの国章

系が12.2%から22.0 %に、マオリが15.6 %から18.4%に、太平洋系が7.8%から10.2 %になることが予測されている[1]。

NZにおいては一方で、マオリによる権利獲得運動を通して、ワイタンギ条約の二文化主義の精神が尊重されるようになってきている。他方で、移民の急増に伴う社会の多文化化により、二文化主義ではなく多文化主義を求める勢力が大きく増加している。NZという国をどのように物語るのかをめぐり、二文化主義と多文化主義の間でせめぎ合いが続いているといえる。

3．多様性と教育をめぐる歴史的な展開

1840年にワイタンギ条約が締結され、ＮＺにおけるパケハ（白人）とマオリの平等な人種関係を規定したが、さまざまな問題をはらむものであった。イギリス移民がニュージーランド人としての権利をもつようになったことで、イギリスからの移民は本格化し、パケハは数の上でも多数を占めるようになっていった。そうした中、パケハによる同化主義が強力に進められるようになり、1867年に

は学校内でマオリ語の使用を禁止する原住民学校法（Native Schools Act）が制定されたりした（**図表5**）。

図表5　ワイタンギ条約

　イギリスとマオリとの間で争いが増加するようになり、1840年に両者の間で締結されたのがワイタンギ条約である。他の地域と比較して時代的に新しく植民地化が図られたため、植民者と先住民の間で条約が交わされたことは、マオリの権利保全のためにも意味のあることであった。この条約は、NZを英国の植民地国家とすることを認める一方で、マオリが所有している財産の保全を認めるというものであった。マオリとパケハには同等の権利が与えられ、二文化主義が文書の上では規定されることになった。

　しかしながら、英語版と翻訳されたマオリ語版の用語の差などにより、その解釈について対立も続いた。

第一条　マオリの主権の譲渡
第二条　マオリの土地、森林、水産資源などに対する権利の保障及び、マオリが土地を売却する場合のイギリス国王の先買権
第三条　マオリに英国民としての特権を与える

注：ワイタンギ条約については、例えば、青柳まちこ編『ニュージーランドを知るための63章』
　　明石書店、2008年、102-106頁を参照。

（1）第二次世界大戦以降から1960年代まで

　第二次世界大戦後は、イギリス人の移住が続くものの、労働不足への対応のため、オランダ、オーストリア、ドイツなどからの移民も流入するようになった。NZをヨーロッパ系の人種により形成される国家とする方針があり、アジア系の移住は制限される傾向にあった。

　一方、マオリは、戦後、都市部へと流入するようになり、部族間の違いが薄れることで、マオリとしての意識が形成されていった。1960年代になると、世界的な公民権を求める運動を背景に、マオリの言語や文化の継承を訴えるとともに、パケハによる不平等な処

遇に抗議するマオリ復権運動が高まりをみせていった。

（2）1970～1980年の統合政策

1970年代になると、英国のEC加盟により、NZはアジア太平洋国家となり自立していくことが課題となった。また、マオリの文化復権運動も高揚していった。こうした背景から、白人中心主義の修正が図られていくようになり、移住の基準レベルでは人種・民族や国籍による差別されることはなくなった（西川、2006）。一方で、イギリスからの移民が好まれる傾向は続いたが、この時期、太平洋島嶼国系の大量の移住が進んでいった。

1980年代になると、国際競争力の低下、高インフレ、低成長を克服するため、1984年に政権についた労働党は経済改革に乗り出し、1987年の移民法では、経済成長のために技能、資格をもった移民を受け入れる方針が立てられることになった。それに伴い、アジアからの移民が急増することになった。

この時期、マオリをめぐっては、失われていく言語と文化の復興とともに、パケハとの間にある教育格差の是正がめざされていった（中村、2014）。その結果、マオリ語によるイマージョン教育を行う就学前施設コハンガ・レオ（言葉の巣）の開設が進んだことを皮切

図表6　ニュージーランド略史

1642年	タスマン（オランダ人探険家）により「発見」される
1769年	クック（英国人探険家）南北両島を探検
1840年	英国代表と先住民マオリの伝統的首長との間でワイタンギ条約署名（これにより英国はNZを自国の植民地とした）
1907年	英国自治領となる
1947年	英国のウェストミンスター法受諾（英国議会から独立した立法機能取得）
1987年	国籍制限を撤廃した移民法
1989年	教育法

出典：外務省HP「国・地域」の情報をもとに筆者作成。

りに、学校教育段階でのマオリ語教育の必要から、初等・中等学校にはクラ・カウパパ・マオリ（Kura Kaupapa Maori）とファレ・クラ（Wharekura）が設立され、マオリ語によるイマージョン教育が実施されることになった。さらに、ワナンガ（Wananga）というマオリの高等教育機関も設立されている。1989年教育法並びに「明日の学校」改革のもとで公立学校としての制度化が進んでいった。

（3）1990年代以降の「統合の危機」と国民国家の再編成

　1991年には移民法を改正して、学歴・資格、年齢、職歴、ニュージーランドにおける就職内定の有無等を点数化した移民審査制度（ポイント制）を導入した（西川、2006）。この改正以後も、アジア系移民の流入は続いた。また、NZは、難民の受け入れに積極的な国であるが、割当難民受け入れ制度のもとで、難民の保護を目的に世界各地から受け入れていった。

　移民や難民の流入による急速に増加する英語を母語としない子どもの増加への対応として、1990年代後半、移民教育、留学生教育、第二言語教育などの政策が推し進められていった。

　マオリをめぐっては、1996年に乳幼児共通のカリキュラムとしてマオリ語のタイトルをもつテ・ファリキ（Te Whariki）が開発された。また、2008年には、NZカリキュラムが発表されたが、そのマオリ版であるクラ・カウパパ・マオリ向けの統一カリキュラムも発行されている。

4. 多文化をめぐる教育の取り組み

（1）多文化市民の育成——二文化主義か多文化主義か

　二文化主義と多文化主義の葛藤について、松本（2014）をもとにみてみたい。1980年代にNZ政府は、タハマオリ（Taha Maori: マオリの側に立って）の教育政策を進めた。マオリとパケハの関係を対等にし、マオリの文化や言語をNZのものとして認める政策である。NZの多文化主義の布石として、まずは、マオリの文化と言語の尊重を公教育で実現しようという意図があった。

　こうした多文化主義への動きに対し、ワイタンギ条約で保障されている特権が失われることを危惧するマオリ側からの反対が表明されることになった。そのため、パケハが主導する二文化主義を布石とした多文化主義の政策は廃止されることになった。

　その後、1980年代後半になると、移民が急増していく中で、NZ政府は、多文化教育、異文化理解教育のガイドラインを発行したり、2011年には、全国資格認定試験（NCEA）の外国語指導における評価基準に異文化間コミュニケーションの観点を盛り込んだりするなど、すべての子どもに対して、多文化社会に生きるコンピテンシーの育成を推進していった。

　多文化化の進む現実に応えて、多文化へのニーズも拡大しており、前述した意味での二文化主義を踏まえつつ、多文化主義をいかに進めていくのかが課題となっている。

（2）学力向上と社会的平等

①学力支援

NZは国際的にみても学力が高いことが知られているが、エスニック集団ごとにみてみると、マオリ及び太平洋島嶼国系の子どもたちに課題がある。例えば、**図表7**にみられるように、2006年のPISA調査の結果で比較してみると、ＮＺは参加国全体では521点で7位となっている。一方、マオリの得点は478点で34位、太平洋島嶼国系は448点で44位と、OECDの平均の493点と比較してみても大きく下回っていることがわかる。

このような学力格差に対応するために、2004年にマオリ政策省では、政策枠組み「マオリの潜在的能力アプローチ」の一環として、教育戦略「カ・ヒキティア（Ka Hikitia）：成功へのかじ取り」の取り組みが進められている（中村、2014）。この戦略では、マオリの人々自身の共同資源、知識、スキル、リーダーシップの構築とその発揮が目的とされている。

他方、太平洋島嶼国（パシフィカ）系についても、学年の達成度の点で課題がある。そのため、2001年に太平洋島嶼国系教育計画が立案され、学力の向上がめざされている（松本、2014）。児童生徒の文化的背景に対する学校と教育の応答性を高めることが課題となっている。

図表7　PISA調査による学力格差（2006）

国／集団	平均点	順位
ニュージーランド	521	7
パケハ	541	2
アジア系	522	7
OECD平均	493	
マオリ	478	34
太平洋島嶼国系	448	44

出典：ERO配付資料より（2012.3.13に訪問）。著者により翻訳。

②第二言語教育支援

1980年代後半以降、前述の

とおり、移民法の改正に伴い、アジア系の移民が急増した。こうした増加する英語を母語としない移民や難民に対応するため、1990年代には、ESOL（English for Speakers of Other Languages）教育、移民・難民教育のための資料の開発、バイリンガル教育が進められた（松本、2014）。1999年には、英語を母語としない児童生徒をサポートするためのハンドブック、2008年には、NZ政府によりESOL教育に関する指導マニュアルが発行されている。こうした言語的ニーズに対応して、約1,200学校、約29,000名の児童生徒を対象に政府によるESOL教育支援が推進されている。

（3）自文化の保障と文化的平等

　マオリの言語や文化の学習の機会については、イマージョンプログラムの導入という形で進んでいる（中村、2014）。1985年に、私設のクラ・カウパパ・マオリの誕生を皮切りに、マオリ語で教育を行う公立のクラ・カウパパ・マオリ、ファレ・クラ、高等教育機関のワナンガが整備されていった。クラ・カウパパ・マオリは、一般校のプログラム在籍者よりも、全国認定試験（NCEA）の成績が良好で、怠学等の問題が少ないことがわかっている。一方で、教員不足と教育環境整備、供給不足の遅れに課題があり、子どもの参加率は18.6%（1999）にとどまっている。

　一方、太平洋島嶼国系についても、イマージョン教育が実施されている。太平洋諸島の言語を教授言語に教育を行っている学校が33校、科目に設置している学校が51校ある（松本、2014）。

5．残された課題

　ワイタンギ条約の精神に基づき、マオリとパケハの間の二文化主

義に基づく教育政策が進められてきた。マオリ語は公用語となり、学校でもマオリの言語や文化が教えられるようになった。マオリや太平洋島嶼国系のイマージョン教育などにも取り組まれるようになっている。

　一方で、移民法の改正に伴い、とくにアジアからの移民の増加が

図表8　ニュージーランドのまとめ

1. 国の物語と国家統合の理念	・NZにおける人種関係は、ワイタンギ条約に基づき、マオリとパケハとの二文化主義を基本にしてきた。 ・一方で、移民法の改正に伴い、移民の増加が著しく、多文化主義に転換するのかが問われるようになってきている。
2. 多様性と教育をめぐる歴史的な展開	・第二次世界大戦後はイギリス人の移住が続くとともに、その他ヨーロッパ諸国からの移民が流入した。 ・英国のEC加盟によりアジア太平洋国家がめざされるようになり、1987年の移民法により、多数のアジア系移民の流入するようになった。1970から80年代には、失われていくマオリの言語と文化の復興の運動が進んだ。 ・1990年代以降もアジア系の移民の流入は続いている。マオリをめぐっては、マオリ語のタイトルをもつ乳幼児共通カリキュラムやマリオ版のナショナルカリキュラムが作成されたりした。
3. 多文化教育の三つの課題への取り組み	・ワイタンギ条約の精神に基づき、マオリ語は公用語となり、ＮＺのすべての学校で、マオリの言語や文化が教えられるようになっている。また、移民が急増していく中で、異文化理解や異文化間コミュニケーションの育成など、異なる文化とともに生きるコンピテンシーの育成が進められている。 ・移民の子どもたちに対しては、ESOL教育が推進されている。また、マオリ及び太平洋島嶼国系には、学力向上に向けた政策がとられている。 ・言語や文化を維持するために、マオリや太平洋島嶼国系のイマージョン教育に取り組む学校が設立されている。
4. 直面する課題	・マオリと太平洋島嶼国系の子どもたちの学力向上が課題となっている。 ・二文化主義と多文化主義の葛藤をどう捉え、多文化共生をめざした教育政策を進めていけばよいかが課題となっている。

出典：筆者作成。

136

第7章　ニュージーランド──二文化主義と多文化主義の葛藤

著しい。その中で、二文化主義ではなく多文化主義を進めていく必要性が日増しに高まっている。多文化化する児童生徒に対応して、ESOL 教育の充実や異文化間コミュニケーション能力の育成がさらに求められるようになってきている。

　NZ において、二文化主義と多文化主義の葛藤をどのように考えていくのか、移民、難民、先住民などの違いをどう捉え、多文化共生をめざした教育政策を進めていくのか。急速な多文化化の進む NZ において、多文化共生の指針をどのように構想していくのかが今後の課題となっている（**図表8**）。

（注）

(1) National Ethnic Population Projections: 2013(base)–2038 (update), 18 May 2017.（http://www.stats.govt.nz/browse_for_stats/population/estimates_and_projections.aspx（2017.9.30 確認））

（文献）

青木麻衣子・佐藤博志編『新版　オーストラリア・ニュージーランドの教育──グローバル社会を生き抜く力の育成に向けて』東信堂 . 2014 年 . xvi 頁 . 青柳まちこ編『ニュージーランドを知るための 63 章』明石書店 . 2008 年 .

中村浩子「先住民マリオの教育展開と課題」「太平洋島嶼（パシフィカ）系の教育保証に向けた課題──文化的背景に対する学校の応答性」青木麻衣子・佐藤博志編『新版　オーストラリア・ニュージーランドの教育──グローバル社会を生き抜く力の育成に向けて』東信堂 . 2014 年 . 130-142 頁 .

西川圭輔「ニュージーランドの移民政策と移民の経済的影響──オークランド

137

経済における移民労働者の貢献と活用」『オーストラリア研究紀要』第32号 . 2006. 127-146頁 .

日本ニュージーランド学会・東北公益文科大学ニュージーランド研究所編『「小さな国」ニュージーランドの教えるもと──世界と日本を先導した南の理想郷』論創社 . 2012年 .

松本晃徳「ニュージーランドの多文化政策の限界」青木麻衣子・佐藤博志編『新版　オーストラリア・ニュージーランドの教育──グローバル社会を生き抜く力の育成に向けて』東信堂 . 2014年 . 126-130頁 .

Sullivan, K. Bicultural Education in Aotearoa/ New Zealand: Establishing a Tauiwi Side to the Partnership. *New Zealand Annual Review of Education, 3,* 1994, pp.191-222.

第8章 シンガポール
——多人種主義とメリトクラシー

　2016年3月26日、「建国の父」であるリー・クワンユー（Lee Kuan Yew）が亡くなったというニュースが流れた。享年91であった。英国植民地のシンガポールで生まれ、戦後、ケンブリッジ大学に留学し、帰国後に弁護士として活躍する。その後、人民行動党（People Action Party）を結成し、政治の道を志す。マレーシアへの編入を望んでいたが、マレーシア側から事実上追放され、1965年8月、シンガポールは独立することになった。水でさえ他国に依存する小国は、まさに存亡の危機に立たされていた。彼は、新しい国のリーダーとして首相（1965-1990）を務め、一世代で先進国の仲間入りを果たす経済発展の基礎を築いた。すべての人種・民族集団は、憲法のもとで、言語、宗教、文化などに関して平等であり、その社会進出も平等な機会が提供されるとする多人種主義（multi-racialism）の理念と徹底した能力主義（meritocracy）を押し進め、シンガポールを大きく躍進させていったのである。

　では、民族、宗教、言語の異なる中国系、マレー系、インド系等から構成される多民族国家シンガポールでは、直面する危機的状況を乗り越え、国民の統合を促し、経済発展を実現するために、どのような教育改革を進めてきたのだろうか。本章では、シンガポールにおける多様性と教育の取り組みについて検討していきたい。

1．シンガポールの基本情報

（1）シンガポールとは

シンガポール共和国は、マレー半島南端の赤道直下に位置し、約716平方キロメートル（東京23区と同程度）の大きさに約561万人（うちシンガポール人・永住者は393万人）（2016年）の人口をもつ都市国家である。シンガポールとは、サンスクリット語で「ライオンの都」を意味する。高低差の少ないシンガポール（主島）と周辺の小島から成る国土をもち、熱帯雨林気候である。

シンガポールは、中華系74％、マレー系13％、インド系9％、その他3％から構成される多民族・多言語国家である。英語、中国語、マレー語、タミール語を公用語とし、仏教、イスラム教、キリスト教、道教、ヒンズー教等の信者を抱える。ヨーロッパと東南アジアの交易の中心地として栄え、近年は工業や金融の発展が著しい。

（2）シンガポールの教育制度

シンガポールでは、国民的アイデンティティの形成と経済の近代化が建国以来大きな課題であった。そのため、シンガポール人としての意識を醸成するとともに、人的資源を開発する教育改革が国家戦略として重要な役割を果たしてきたといえる。

シンガポールの教育システムは、6年の初等教育、4〜5年の前期中等教育、2年間の後期中等教育、3〜4年の大学からなっている。ストリーミングと呼ばれる能力別の分岐システムがあり、初等教育の4年時、基礎段階の修了時、及び、中等学校への入学時に能力に応じたコースに分けられる。

図表1 シンガポールの概要

正式国名 シンガポール共和国 Republic of Singapore 国旗 	主要産業 製造業（エレクトロニクス、化学関連、バイオメディカル、輸送機械、精密器械）、商業、ビジネスサービス、運輸・通信業、金融サービス業 ＧＤＰ 28万8,753（単位：百万ＵＳドル）（2016年、シンガポール統計局）
国歌 進めシンガポール（Majulah Singapura）	通貨 シンガポール・ドル
面積 約716平方キロメートル（東京23区と同程度）	人種構成 中華系74%、マレー系13%、インド系9%、その他3%（2016年6月）
人口 約561万人（うちシンガポール人・永住者は393万人）（2016年6月）	宗教 仏教、イスラム教、キリスト教、道教、ヒンズー教
首都 シンガポール	言語 国語はマレー語。公用語として英語、中国語、マレー語、タミール語
元首 大統領（任期6年。トニー・タン現大統領は、2011年9月、第7代大統領として就任）	在留邦人数 3万7,504人（2016年10月現在） 在日シンガポール人数 7,232人（2016年6月末法務省統計）
政体 立憲共和制（1965年8月9日成立）（英連邦加盟） 議会 一院制	

出典：外務省HP「国・地域」の情報をもとに筆者作成。

図表2 シンガポールの教育システム

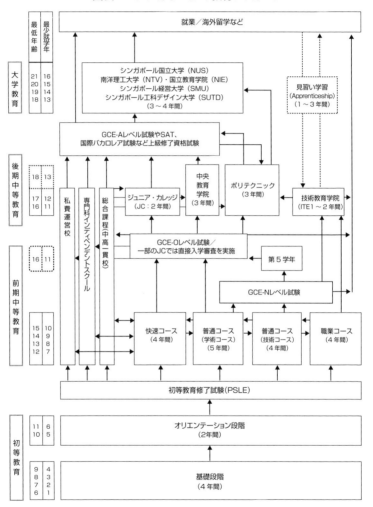

出典：池田充裕「強靭な学力を鍛え上げる学校――シンガポール」二宮皓編『新版 世界の学校教育制度から日常の学校風景まで』学事出版、2014年、145頁。

第8章　シンガポール——多人種主義とメリトクラシー

　国民統合に向けたシティズンシップ教育の取り組みと能力主義に
基づく教育政策を追求した結果、現在では、世界一の学力を誇り、
有能な人材を輩出するとともに、奇跡的な経済発展の基礎を築いて
きたのである（**図表2**）。

2. 国の物語と国家統合の理念

　民族、宗教、言語も異なる中国系、マレー系、インド系などから
構成される多民族国家シンガポールでは、政治的に、多人種主義の
理念と徹底した能力主義を押し進め、国民的アイデンティティの形
成と経済発展が図られてきた。これらの民族の統一をめざして、約
8割の住民が海外出生者という状況で、シンガポール人としての国
民的アイデンティティや近代的な市民としての意識をいかに高めて
いくのかが大きな課題であったといえる。

　シンガポールでは、三つの大きなエスニック集団の統合を促すた
めに、国が大きな役割を果たしてきた。例えば、住宅政策では、国
民に公営団地を廉価に提供する一方で、民族別の集住地域を解体し、
民族を超えて共存する居住空間にしていった。また、教育政策では、
民族語（マレー語・中国語・タミール語）と英語を学ぶバイリンガル
教育を基本に据えた学校制度を整備するとともに、教育を通して国
民的アイデンティティの形成が図られていった。

　シンガポールでは、国づくりと国民的アイデンティティの形成が
同時に進行した。多人種主義と能力主義を理念に、平等な機会を保
障し経済的な発展がめざされるとともに、シンガポール人としての
意識を高めることで、国が主導して計画的な国民統合が図られてき
たのである。

　一方で、政府主導による多人種主義政策は、採用しているカテゴ

143

リーと実際とのズレが大きくなってきており、現実といかに整合性のある方向性をもたせていくのかが課題となっている（石井、2016）。

3．多様性と教育をめぐる歴史的な展開

シンガポールは、1819年に英国の自由貿易港として誕生した。英国の植民地時代には、チャイナタウン、リトルインディアなど、民族によって居住地域が分断されており、民族間の対立や軋轢もあった。1965年の独立を契機に、シンガポール人としての国民的アイデンティティを形成することが主要な課題となった（**図表3**）。

（1）独立から1960年代

シンガポールは、1965年にマレーシアから分離・独立した。飲料水を他国に依存し、天然資源にめぐまれず、発展途上の経済や隣国との緊張関係、民族や宗教集団の対立といった幾多の課題に直面する中で、人に投資することが国としての生き残りのための主要な手段であった。初代首相リー・クワンユーは、国民的アイデンティティの形成と経済発展をめざす政策を推進していった（**図表4**）。

教育における展開をみてみると、地域コミュニティの民族語に

図表3　シンガポール略史

1400年頃	現在のシンガポール領域にマラッカ王国建国
1819年	英国人トーマス・ラッフルズが上陸
1824年	正式に英国の植民地となる
1832年	英国の海峡植民地の首都に定められる
（1942年〜1945）	（日本軍による占領）
1959年	英国より自治権を獲得、シンガポール自治州となる
1963年	マレーシア成立に伴い、その一州として参加
1965年	マレーシアより分離、シンガポール共和国として独立

出典：外務省HP「国・地域」の情報をもとに筆者作成。

第8章　シンガポール——多人種主義とメリトクラシー

よる学校から、一つのシンガポールの教育システムへと移行させていった。英語と民族語（マレー語・中国語・タミール語）を学ぶバイリンガル教育を基本とし、英国の教育制度に習いながら、6年

図表4　リー・クワンユーの涙（独立宣言後の記者会見：1965年8月11日）

　一言つけ加えたいのですが……ご承知のように、これは……シンガポールをマレーシアから切り離した、この協定に調印したこの瞬間を振り返るたびに、我々は苦痛にさいなまれるでしょう。私にとっても、この瞬間は苦痛の瞬間です。なぜなら、私は全生涯を……成人後の全生涯を通じて……これら二つの領域の合併と統一を信奉してきたのですから。地理的にも経済的にもつながりを持ち、血縁で結ばれたひとつの国民なのです……ちょっと中断させてくれませんか。

　（首相が平静をとりもどすまで、録音中断）

　最後に、もしお許し頂ければ、皆さんにではなく、シンガポール国民に語りかけたいと思います。ここ数日、多忙をきわめ、これは一体どういうことなのか、なぜこんなことが起こったのか、考えをまとめ、文書にして、皆さんに説明する時間がありませんでした。

　心配することは何もありません。ほとんどのことは今までとおりです。ただ、動じないで、冷静を保ってください。

　シンガポールは多人種国家になります。我々はお手本を示すのです。シンガポールはマレー人の国でも、華人の国でも、インド人の国でもありません。誰もがそれぞれの所を得て、言語、文化、宗教すべてにおいて平等なのです。

　マレーの皆さんにお願いします。心配しないでください。我々は多人種主義を信奉し、シンガポールをショービニズム［自民族至上主義］から切り離し、多人種主義へと導いた政府です。多人種主義と統合をマレーシアにおいて達成できなかったことは残念です。しかし我々は、それをシンガポールで達成します。我々は皆、教訓を得たのですから。

　明日、あるいは明後日——明日は時間があるかどうかわかりませんので——私の考えをまとめ、まず何が起こったのか、なぜ起こったのか、このような事が起こってもなぜ我々の安全保障が影響を受けないのかを、お話しします。基地も、皆さんに対する保護も、防衛と安全保障の上での協力も存続します。［マレーシアからの］水の供給についての協定は確固として保証されています。それに、マレーシアとシンガポールはこれからも協力していくのです。

　最後に、我々は真のシンガポール人——私はもはやマレーシア人と称することはできません——になり、人種、言語、宗教、文化の違いにかかわりなく、一致団結していこうではありませんか。

出典：クワンユー，L.、1988年。

間の初等教育、4年間の中等教育、大学入学前2年間の大学準備教育という枠組みを整備していった。さらに、シンガポール人としての意識を高めるために、1959年には倫理が小中学校に導入され、66年には、国旗掲揚・後納の式典、国家・国民誓詞の斉唱が朝夕に小中学校で義務付けられ、1967年には必修科目として「公民」（Civics）が小中学校に導入されたりした。

（2）1970～1980年の統合政策

　1970年代後半になると、技術集約型の経済に向けた効率優先の段階を迎え、より高度な技術をもった労働者の育成がめざされるようになった。1979年には「ストリーミング」と呼ばれる新しい教育制度が導入され、小学校での学力別の振り分け、前期中等学校での分岐システムなどを設けることで、ドロップアウト率を減らすことがめざされた。また、後期中等教育では、普通高校、ポリテクニック、技術教育院の三つのルートが整備された。

　国民意識の形成に向けては、小学校で、公民、歴史、地理が「生活教育」に再編され、中学校では、引き続き公民が教えられた。70年代後半には、欧米のサブカルチャーが広がり、個人主義や快楽主義が蔓延しているとして、儒教文化や「華人性」が強調されるようになった。1980年代初頭には小学校で『良き市民』、中学校で『成長と生活』のプログラム、1984年から1989年の間には、中学校3・4年に必修科目「宗教知識」（儒教倫理、聖書知識、仏教学、イスラム知識、ヒンドゥー知識、シーク教学から選択）が導入されたりした。ただ、華人文化や華語の推進が、マレー系、インド系から批判されるようになったため、宗教知識は選択科目となり、1990年には新たに必修科目「公民・道徳教育」が導入されることになった。

（3）1990年代以降の国民意識の形成

　シンガポールでは、1997年のアジア経済危機を契機に、グローバルな知識経済に対応できる体制づくりが急務となった。革新性、創造性、研究開発に向けて国家戦略が見直され、効率志向から能力志向への教育政策の転換が図られることになった（Stewart、2011）。1997年に第2代首相ゴー・チョクトン（Goh Chok Tong）による「思考する学校、学ぶ国家（Thinking School、Learning Nation: TSLN）」の演説では、社会のあらゆるレベルで創造や革新を生み出す国家の形成をめざす教育ビジョンが打ち出された。さらに、TSLNの流れの中で、2005年には「少なく教え多くを学ぶ（Teach Less、Learn More:　TLLM）」政策が示され、カリキュラム、指導、評価を革新していく量から質への教育の転換が推進されることになった。

　国民意識の形成は、引き続き重要なテーマであった。1997年には、「国民教育」が導入され、シンガポール人としてのアイデンティティや誇りを形成することが意図的に進められた。1998年には、「教育期待目標――21世紀に対応した期待される国民像」が発表され、グローバルな市民意識やシンガポールへの忠誠心など、その後のカリキュラムの開発や評価の基礎として位置付けられた。2010年には、「カリキュラム2015」（Curriculum 2015: C2015）が発表され、「21世紀型コンピテンシーと望まれる生徒の成果」の枠組みを基にしたシラバスの改訂が進められていった。全人的な学習が重視されており、体育、正課併行活動（日本の特別活動に相当）が重視されたり、公民・道徳教育を刷新した人格・市民性教育（CCE）が2014年度から導入されたりしている。

4．多文化をめぐる教育の取り組み

（1）多文化市民の育成——シティズンシップ・国民教育

①国民教育の創設

シンガポールでは建国以来、国民的アイデンティティの涵養が大きな課題の一つであった（Tan、2005）。著しい経済発展を遂げた一方で、若者の多くが、シンガポールの歴史に無知で、国家としての共有する意識の醸成が直近の課題であった。背景には、増大した大学卒の中流階層の経済的な見返りに対する不満、経済発展の裏で進む社会的な格差の広がり、民族による学力到達度の差などがある。

こうした危機感を背景に、国民教育が1997年に導入された。国民教育の目的は、シンガポールのアイデンティティ、誇り、自尊心を促し、困難をものともせずにシンガポール国家建設に成功したことを教え、シンガポール特有の発展上の課題、限界や脆さを理解し、そして、シンガポールの継続的な成功を確保するために、勝つ意志とともに能力主義、多人種主義のような核となる価値を吹き込むことを通して、国家的な団結を促すことにある（Tan、2005）。

国民意識の涵養はそれまで、公民や道徳として進められてきたが、国民教育は、学校全体のカリキュラムを通して横断的に進めていくことになった。また、毎年、国家的に重要な意味をもつ出来事を想起するための行事の開催が、教育課程外の要素として推奨された。

②めざすべきシンガポール人像の明確化

国民教育の導入と時を同じくして、1997年、ゴー・チョクトン首相は、シンガポール21委員会を設定し、行動的シティズンシッ

プという理念を打ち出した。21世紀のビジョンとして、すべての
シンガポール人の重要性、生活の基盤や将来のための家族の価値、
すべてに開かれた機会、シンガポールへの愛着心、違いを生み出す
行動的な市民が示された（Shingapore 21 Committee、1997）。

　また、教育省は1997年（2009年改正）に「教育到達目標」
（Desired Outcome of Education）を定め、初等教育や前期・後期中
等教育の段階ごとに示している。2009年の新しい教育到達目標では、
公教育全体を通じて育むべき市民像を以下のように描いている（池
田、2014）。

・自信のある個人（confident person）…善悪への強い意識、応用力と回復力、己を知る、洞察に基づく判断力、自立的・批判的な思考力、効果的なコミュニケーション
・自律した学習者（self-directed learner）…自己学習に対する責任感、学習時における疑問心・省察力・忍耐力
・活動的な貢献者（active contributor）…チームの一員としての活動、イニシアチブの発揮、リスク判断力、革新力、卓越した結果を求める努力心
・思いやりのある市民（concerned citizen）…シンガポールへの愛着心、強い市民意識、情報収集力、自分を取り巻く他者の生活を改善しようと積極的に活動する

　2010年3月に発表された「カリキュラム2015」（Curriculum 2015:
C2015）では、21世紀に求められるコンピテンシーとその養成に向
けた教育課程のフレームワークとして、「21世紀型コンピテンシー
と望まれる生徒の学習成果」を**図表5**のように設定している。21
世紀においてめざすべきシンガポール人像が明確化され、教科教育、
正課併行活動、人格・市民性教育など、学校全体の経験を通して、
その実現がめざされている。とくに、公民・道徳教育を刷新した人
格・市民性教育（CCE）が2014年度から導入されている。2014年
版のシラバスでは、「21世紀型コンピテンシーと生徒の学習成果」
の枠組みに基づいて、前述の六つの中核価値、ビッグアイデア（ア

149

図表5　21世紀型コンピテンシーと生徒の学習成果

出典：https://www.moe.gov.sg/education/education-system/21st-century-competencies（2017.9.30 日確認）。

イデンティティ、関係、選択）、領域（自分、家族、学校、地域社会、国、世界）が設定されている。

（2）学力向上と社会的平等

　民族間の学力格差の解消が大きな課題の一つとなっている。教育改革の成果として、華人とその他の民族との格差は縮小してきたものの、とくにマレー系生徒の低学力が問題となっている（池田、2007）。その対策として、民族別の入学上限枠制が設けられており、マレー系の生徒数を対象に、各学校の生徒数が全体の25％を超えてはいけないことになっている。これは、マレー系の生徒が集中することを避けることで、英語の学力を伸ばすことが意図されている。また、1981年には、ムスリム児童評議会を発足させ、週末補習授業、親へのカウンセリングなど、学力向上事業に取り組んでいる。

　能力主義のもとで、厳しい競争が強いられているシンガポールであるが、近年の研究成果から、親の社会経済的な資源と学力との相関が高いことがわかってきている。ペアレントクラシーの用語があるように、学業成績は学校外での教育を受けさせることのできる親の財政的な力と大きく関係しており、華人とその他の民族との間の根深い格差が存在している。

（3）自文化の保障と文化的平等——二言語による教育システム

　三つの大きな民族集団を抱えるシンガポールでは、共通語としての英語と母語である民族語の二言語教育を中心とする教育システムが整備されていった。社会全体の英語志向が強まる中で、華人学校、マレー学校は次第に閉校していき、現在では、国内すべての公立学校においては英語が主な教授言語として使われている。

　二言語教育においては、英語と民族語がそれぞれ異なった目的で指導されている。英語は、経済発展のために、学校教育の主たる教授言語として位置付けられ、すべてのシンガポール人に共通して指導される。一方、民族語は、多人種主義のもとで、民族的な言語や文化を維持、尊重するために、第二言語科目として出身の言語が学ばれる。民族語はまた、道徳や歴史といった教科における教授言語として使用されている。

5．残された課題

　シンガポールは、国民的なアイデンティティの形成と経済発展をめざして、多人種主義と能力主義といった二つの原理を基に教育改革が進められてきたと考えられる。

　一方で、多人種主義の理念に立って、建国以来、さまざまな形でシンガポール人としての意識を育てるための教育が進められてきた。また、二言語教育の基本的システムのもとに、国際経済で有利に働くことから共通の言語として英語を位置付けるとともに、民族語の学びを通して言語と文化の維持継承がめざされてきた。他方で、能力主義のもとで、競争を促し能力次第でだれもが活躍できる社会が創り出されてきたのである。

ただ、能力主義を追求し続ければ、必然的に社会的な階層を生んでしまう。経済成長を遂げきたシンガポールでは、問題としてあまり顕在化してこなかったが、華人とその他の民族との格差は確実に広がっている。ペアレントクラシーで言及したように、親の経済力による教育経験の格差が生まれている中、若者の間で社会への不満が大きくなる可能性もあり、今後の動向が注目される（**図表6**）。

図表6　シンガポールのまとめ

1. 国の物語と国家統合の理念	・民族、言語、宗教も異なる中国系、マレー系、インド系などから構成される多民族国家シンガポールでは、多人種主義の理念と徹底した能力主義を押し進め、国民統合をめざして国民的アイデンティティの形成が図られてきた。
2. 多様性と教育をめぐる歴史的な展開	・1965年にマレーシアから分離・独立し、共通語と民族語による中央集権的な教育システムのもとで、国民的アイデンティティの形成と経済発展がめざされた。 ・国民意識の形成に向けては、70年代後半に、欧米のサブカルチャーに対抗し、儒教や華人性が強調されたが、マレー系、インド系からの批判から、華人性が薄められた。 ・1997年には、「国民教育」が導入され、人格・市民性教育が2014年度から導入されたりしている。
3. 多文化教育の三つの課題への取り組み	・多人種主義の理念に立って、建国以来、さまざまな形でシンガポール人としての意識を育てるための教育が進められてきた。 ・マレー系児童生徒の低学力が問題となっており、その対策が進められている。 ・二言語教育において、英語は、経済発展のために、学校教育の主たる教授言語として位置付けられる一方、民族語は、民族的な言語や文化を維持、尊重するために、第二言語科目としてそれぞれの出身の言語が学ばれている。
4. 直面する課題	・シンガポール人としてのナショナル・アイデンティティの醸成が課題となっている。 ・民族間の学力格差の解消がめざされている。

出典：筆者作成。

（文献）

池田充裕「強靭な学力を鍛え上げる学校──シンガポール」二宮皓編『新版世界の学校　教育制度から日常の学校風景まで』学事出版 . 2014 年 . 145 頁 .

石井由香「アジアにおける○○系概念──国民構築とエスニック・アイデンティティ」佐々木てる編『マルチ・エスニック・ジャパニーズ──○○系日本人の変革力』明石書店 . 2016 年 . 70-85 頁 .

池田充裕「シンガポールの教育改革と学力モデル」原田信之編『確かな学力と豊かな学力』ミネルヴァ書房 . 2007 年 . 181-213 頁 .

池田充裕「強靭な学力を鍛え上げる学校──シンガポール」二宮皓編『新版世界の学校　教育制度から日常の学校風景まで』学事出版 . 2014 年 . 142-151 頁 .

金井里弥「シンガポール──能力主義を基盤とするキャリア形成」小川佳万・服部美奈編『アジアの教員　変貌する役割と専門職への挑戦』ジアース教育新社 . 2012 年 . 259-278 頁 .

シム , チャン・キャット『シンガポールの教育とメリトクラシーに関する比較社会学的研究──選抜度の低い学校が果たす教育的・社会的機能と役割』東洋館出版社 . 2009 年 .

スチュワート , V.「シンガポール──将来を見据えた教育」経済協力開発機構（OECD）編（渡辺良監訳）『PISA から見る、できる国・頑張る国 2──未来志向の教育を目指す：日本』明石書店 . 2012 年 . 151-178 頁 .

クワンユー , L.・黄彬華・呉俊剛編（田中恭子訳）『シンガポールの政治哲学：リー・クワンユー首相演説集　上』井村文化事業社 . 1988 年 .

Tan, J. National Education, In Tan, J.& Tee, N.P. (ed.), "Shaping Shingapore's Future," Pearson Education, 2005, pp. 82-94.

Tee, N. P.,"The Singapore School and the School Excellence Model," *Educational Research for Policy and Practice 2,* 2003, pp. 27-29.

Tee, N. P., "Teacher Less, Learn More: Seeking Curricular and Pedagogical innovation," In J. Tan & N. P. Tee (ed.), *Thinking Schools, Leaning Nation: Con-*

temporary Issues and Challenges, Pearson Education South Asia, 2008, pp. 61-71.

Shingapore 21 Committee,*Shingapore 21: Together, We Make the Differce,* 1997.

第9章 **韓国**
──多文化政策への転換

　米国のアメリカンフットボールのスターで韓国系のハインツ・ワードが来韓し、熱烈な歓迎を受けた。スーパーボウルで勝利し最優秀選手に選ばれ故郷に錦を飾った彼は、黒人であるアメリカ人で軍人の父親と韓国人の母親をもつアメラシアンであった。一方で、同じ混血児でしかも韓国人でありながら、ダブルの子どもたちは韓国社会の純血主義のもとで冷たい処遇を受けていた。ワードの来韓

図表1　教育人的資源部が発表した教科書の単一民族主義的な記述例

・われわれの国は一つの血統を受け継いだ一つの民族から起こりました。（初等学校
　2年生　生活の道しるべ）
・われわれはもともと一つ、土地も一つ、民族も一つ、言葉も一つ。（初等学校6年
　生　道徳）
・われわれの外観はお互いに同じで、同じ言葉を使用している単一民です。（初等
　学校6年生　社会）
・われわれの民族は、単一民族として長い月日を……（中学校1年　道徳）
・われわれが同じ血統を引き継いだ一つの民族として……（中学校2年　道徳）
・民族、言語、文化が同じ単一民族のわが国は……（中学校3年　社会）
・本来、われわれの民族は単一の言語と文化、血統をもった単一民族として……（高
　等学校1年　道徳）
・わが民族は世界史でまれにみる単一民族国家として伝統を受け継いできた。（高等
　学校1年　国史）
・わが民族は、……単一民族国家を形成してきた。（高等学校1年　政治）

出典：櫻井、2011、254-255頁。

を契機に、こうした根強い差別意識がメディアで告発され、外国人に対する偏見や差別の問題が大きく取り上げられるようになったという。このような状況を受け、韓国では、例えば、前頁の**図表1**のような単一民族主義的な教科書の記述がみられていたものが、2009年からの新しい教科書では、それらの記述は削除されることになった（櫻井、2011）。また、多文化教育の推進に向けた職務研修が実施され、多文化家庭を理解する広報活動が盛んに行われるようになったのである。

　韓国では、2000年代に急増する外国人人口に対応して、多文化を尊重する方向に大きく政策転換が図られ、国民の意識改革が大きな課題となっているといえる。本章では、近年、多文化主義的な政策に大きく踏み出した韓国において展開する多文化と教育をめぐる動向を検討したい。

1．韓国の基本情報

（1）韓国とは

　韓国は、朝鮮半島の南部の東アジアに位置している。黄海に面した西側には平地が続き、日本海に面した東側は山地がそびえ立っている。その面積は、10.1万平方キロメートルで、北海道と四国を合わせた程度である。

　総人口は、約5,150万人（2015）を数え、その4割のおよそ2,000万人がソウル都市圏に集中している。人種・民族構成は、朝鮮民族が大部分を占めるが、少数ながら中国系住民もいる。それが、2000年代になり、国際結婚や外国人労働者の流入が著しく、社会の多文化化が急速に進行している。公用語は韓国語であり、文字は主にハ

ングルを用いる。総人口の約3割はキリスト教徒であり、約2割は仏教徒である。

図表2　韓国の概要

正式国名 大韓民国 Republic of Korea	主要産業 電気・電子機器、自動車、鉄鋼、石油化学、造船
国旗 	GDP 1兆3,779億ドル（2015年） 通貨 ウォン 人種構成 朝鮮民族
国歌　「愛国歌」	
面積 約10万平方キロメートル（朝鮮半島全体の45％、日本の約四分の1）	宗教 宗教人口比率 53.1% （うち仏教：42.9％、プロテスタント：34.5％、カトリック：20.6％、その他：2.0％） 社会・文化に儒教の影響を色濃く受ける。
人口 約5,150万人（2015年12月現在）	
首都 ソウル	言語 朝鮮語
元首 文在寅（ムンジェイン）大統領	在留邦人数 3万8,060人（2015年10月）
政体 民主共和国	在日当該国人数 49万7,707人（2015年6月末、在日韓国人含む）
議会 1院制	

出典：外務省HP「国・地域」の情報をもとに筆者作成。

(2) 韓国の教育制度

韓国は、1995年に金泳三政権において5.31教育改革案が出されて以来、教育の世界化をめざして着実な改革を進め、近年ではPISA調査においても高い成績を修めるようになっている。一方で、国家主導の教育に対抗して、草の根の運動から発展してきた革新学校という新しいタイプの学校を構想する動きも広がっている。

さて、韓国の学校制度をみてみると、就学前教育では、3〜5歳

図表3　韓国の学校系統図

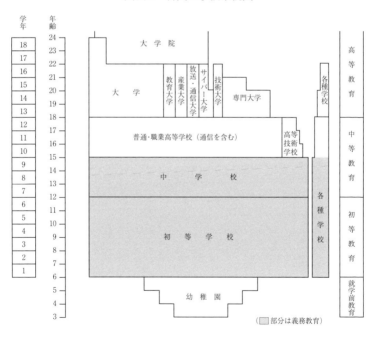

出典：松本麻人「韓国」文部科学省『諸外国の初等中等教育』明石書店、2016年、270頁。

を対象とした幼稚園がある。義務教育は、6歳から15歳までの9年間となっている。初等教育は、初等学校で行われ、6歳からの6年間である。前期中等教育は、中学校で行われ、3年間である。後期中等教育は、普通高等学校と職業高等学校があるが、前者には、特殊目的高等学校、自律型私立高等学校なども含まれる。

高等教育機関には、4年制の大学、2～3年制の専門大学がある。韓国は学歴社会で激しい受験競争があることで知られているが、2004年には大学進学率は一時80％を超えていた（**図表3**）。

2．国の物語と国家統合の理念

韓国では、朝鮮民族が大部分を占めており、単一民族国家としての意識が強かった。それが、2000年代になると、少子高齢化が進み、人口の維持が課題となる一方で、地方の嫁不足が深刻であった。また、グローバル化が進む中で、3D（dirty、dangerous and demeaning）の仕事を担う労働者、及び、国際競争を勝ち抜く高度な技能をもつ労働者が必要であった。このような背景から、韓国では、外国人人口が著しく増加するようになったのである。

こうした変貌を遂げる社会の現実と向き合い、本格的な多文化社会の到来に対応するために、韓国では、多文化主義への政策転換を図ることが選択されることになった。在韓外国人処遇基本法や多文化家族支援法などの法整備を進め、正規の外国人労働者を受け入れるなど、外国人と共に生きるための多文化主義的な政策の方向に大きく舵を切ることが決断されたのである。国の将来を見据え、多文化社会として生きていくことを決定し、韓国という国の物語の語り直しが進められたといえる。

多文化主義への政策転換が図られる一方で、単一民族としての意

識は根強く残っている現状があり、外国人に対する差別や偏見を克服していくことを迫られている。多文化共生に向けた国民の意識変革が大きな課題として残されているのである。

3. 多様性と教育をめぐる歴史的な展開

韓国は、移民の送り出し国であった。19世紀後半から20世紀初めにかけて、250万人が中国（朝鮮族）やロシア（高麗人）などに移住した。日本による韓国併合期には、約40万人が日本に移住し、第二次世界大戦中には数十万人が日本へ強制的に徴用された（**図表4**）。

（1）第二次世界大戦後から1960年代

第二次世界大戦後も韓国は、出移民の国であった。経済復興の旧東ドイツには、看護師や炭鉱労働者として移住した。ベトナムにはサービス労働や建設業に従事するために、中東の石油産油国にも建設業に従事するために韓国人は海を渡った。

一方、1960年代以降、韓国は「漢江の奇跡」と呼ばれる経済発展を遂げて、第二次・第三次産業が大きく拡大した。それに伴い、次第に国内の余剰労働力を吸収するようになっていった。

（2）1970年代から1980年代

1980年代には、韓国は移民の送り出し国から受け入れ国へと移行した。1986年のアジア競技大会、1988年のソウルオリンピックの開催は、韓国経済の発展を牽引した。また、1987年には民主化宣言が出され、労働運動が盛んになる中で、それまで低く抑えられていた賃金も上昇していった。一方で、1980年代の半ばには、高

図表 4　韓国略史

3世紀末頃	氏族国家成立
4世紀頃〜668年	三国時代（高句麗、百済、新羅）
676年〜935年	統一新羅
918年〜1392年	高麗
1392年〜1910年	李氏朝鮮
1910年〜45年	日本による統治
1945年〜48年	北緯38度以南は米軍支配下
1948年	大韓民国成立。朝鮮半島北部に北朝鮮（朝鮮民主主義人民共和国）が成立
1950年〜53年	朝鮮戦争
1988年	ソウルオリンピック
1997年	アジア通貨危機
2005年	公職選挙権法改正（19歳以上の永住外国人へ地方参政権付与）
2006年	女性結婚移民者家族及び混血者への社会統合支援施策
2007年	在韓外国人処遇基本法の成立
2008年	多文化家族支援法、第一次外国人基本計画（08〜12年）
2008年	多文化家族支援政策
2013年	第二次外国人基本計画（13〜17年）

出典：外務省 HP「国・地域」の情報をもとに筆者作成。

等教育の急速な拡大によるホワイトカラー志向が強まり、零細・小企業に就職するブルーカラーの労働力が不足することになった。

（3）1990年代以降の統合の危機と国民国家の再生産

経済発展、民主化、高学齢化などを背景に、1990年代になると、外国人労働者の需要が急速に高まっていった。それに伴い、不法就労の外国人が増加しはじめ、社会問題化していった。このような状況に対処するため、1990年代の始めには、産業研修制度が導入され、研修生として外国人を受け入れる方策などもとられるようになった。

2000年代になると、韓国は、急激な多文化化に対応して法整備を進め、多文化主義的な政策への転換が図られていった。

2004年には、産業研修制度に代えて、外国人を正規の労働者として受け入れる雇用許可制度が施行された。賃金未払い、労働災害

をはじめ外国人の人権をめぐる諸問題が大きく取り上げられ、研修とは名目ばかりで人手不足の解消を意図していたことへの批判が大きくなる中で、外国人の正規雇用へ門戸を開くことが決断されたのである。さらに、地域の外国人労働者支援センターにおいては、労働相談、韓国語教育、コミュニティ支援などが行われるようになった。その一方で、かれらの職場移動や4年10カ月を超える在留は厳しく禁止されている。

他方、農村地域の嫁不足などを背景に国際結婚が増加し、多くの結婚移民が流入するようになった。それに伴い、人身売買や家庭内暴力などの人権問題が課題になったため、大規模な調査が実施された。その結果を基礎にして、2006年には、女性結婚移民者家族及び混血者への社会統合を促す支援方策が出されることになった。

このように韓国の多文化化が進む中で、外国人をめぐる法律や政策が次第に整備されていくことになる。2007年には、韓国における外国人政策の基本法となる「在韓外国人処遇基本法」が制定された（**図表5**）。同法に基づいて、2008年には、第一次外国人基本計画（2008～2012）が、2013年には、第二次外国人基本計画（2013～2017）が策定され、多文化家族を支援する政策が推進されている。また、2008年には、結婚移住者家族の生活の質の向上及び社会統合を目的とした「多文化家族支援法」が成立した（**図表6**）。

以上のように、韓国では2000年半ば以降、外国人労働者や多文化家族に対して、矢継ぎ早に法律や政策が打ち出されており、多文化に対応した体制づくりが大きく前進することになったのである。

図表 5　在韓外国人処遇基本法

在韓外国人処遇基本法（全5章23か条の本則と1か条の附則）（2007年5月17日制定 法律第844）

第1章　総則

　第1条（目的）この法律は、在韓外国人に対する処遇等に関する基本的な事項を定めることにより、在韓外国人が大韓民国社会に適応して個人の能力を充分に発揮できるようにし、大韓民国の国民と在韓外国人が相互に理解し尊重する社会環境をつくり、大韓民国の発展と社会統合に貢献することを目的とする。

　第2条（定義）この法律で使用する用語の定義は、以下のとおりである。1「在韓外国人」とは、大韓民国の国籍を持たない者で、大韓民国に居住する目的を持って合法的に滞在している者をいう。2「在韓外国人に対する処遇」とは、国及び地方自治体が、在韓外国人を、その法的 地位に従って適正に待遇することをいう。3「結婚移民者」とは、大韓民国国民と婚姻したことがあるか、又は婚姻関係にある在韓外国人をいう。

　第3条（国及び地方自治体の責務）、第4条（他の法との関係）

第2章　外国人政策の策定及び推進体制

　第5条（外国人政策の基本計画）①法務部長官は、関係中央行政機関の長と協議して、5年毎に外国人政策に関する基本計画（以下「基本計画」という。）を策定しなければならない。②基本計画には、次の各号の事項が含まれなければならない。1 外国人政策の基本目標と推進方向 2 外国人政策の推進課題、推進方法及び推進時期 3 必要な財源の規模と調達方法 4 その他外国人政策策定等のために必要と認められる事項 ③法務部長官は、第1項により策定された基本計画を、第8条に規定する外国人政策委員会 の審議を経て確定しなければならない。④基本計画の策定手続き等に関して必要な事項は、大統領令で定める。⑤法務部長官は、基本計画を策定する際には、相互主義の原則を考慮する。

　第6条（年度別施行計画）、第7条（業務協力）、第8条（外国人政策委員会）、第9条（政策の研究及び推進等）

第3章　在韓外国人等の処遇

　第10条（在韓外国人等の人権擁護）、第11条（在韓外国人の社会適応支援）、第12条（結婚移民者及びその子の処遇）、第13条（永住権者の処遇）、第14条（難民の処遇）、第15条（国籍取得後の社会適応）、第16条（専門外国人労働者の処遇改善）、第17条（過去に大韓民国の国籍を保有していた者等の処遇）

第4章　国民と在韓外国人が共生する環境の醸成

　第18条（多文化に対する理解の増進）、第19条（世界人の日）

第5章　補足
第 20 条（外国人に対する請願案内及び相談）、第 21 条（民間との協力）、第 22 条（国際交流の活性化）、第 23 条（政策公表及び伝達）

出典：白井京、2008a、135-145 頁。

図表 6　多文化家族支援法

多文化家族支援法（16 か条の本則及び 2 か条の附則）
（2008 年 3 月 21 日制定　法律第 8937 号）
第 1 条（目的）
この法律は、多文化家族の構成員が、安定的な家族生活を営むことができるようにすることで、これらの者の生活の質の向上及び社会統合に貢献することを目的とする。
第 2 条（定義）
この法律で使用する用語の意味は、次のとおりである。
1「多文化家族」とは、次のいずれかに該当する家族をいう。
a「在韓外国人処遇基本法」第 2 条第 3 号の結婚移民者及び「国籍法」第 2 条により出生時から大韓民国国籍を取得した者により構成された家族
b「国籍法」第 4 条により帰化許可を受けた者及び同法第 2 条により出生時から大韓民国国籍を取得した者により構成された家族 2「結婚移民者等」とは、多文化家族の構成員で次のいずれかに該当する者をいう。
a「在韓外国人処遇基本法」第 2 条第 3 号の結婚移民者
b「国籍法」第 4 条により帰化許可を受けた者
第 3 条（国及び地方自治体の責務）
第 4 条（実態調査等）
第 5 条（多文化家族に対する理解の増進）
第 6 条（生活情報提供及び教育支援）
第 7 条（平等な家族関係の維持のための措置）
第 8 条（家庭暴力被害者に対する保護及び支援）
第 9 条（産前及び産後の健康管理支援）
第 10 条（児童の保育及び教育）
第 11 条（多国語によるサービス提供）
第 12 条（多文化家族支援センターの指定等）
第 13 条（多文化家族支援業務に関する公務員の教育）
第 14 条（事実婚の配偶者及び子の処遇）
第 15 条（権限の委任と委託）
第 16 条（民間団体等の支援）
附則
第 1 条（施行日）
第 2 条（結婚移民者家族支援センターに関する経過措置）

出典：白井京、2008b、153-161 頁。

4. 多文化をめぐる教育の取り組み

　ここでは、多文化をめぐる教育の取り組みの概要をみてみたい。
（2）と（3）については、金（2015、2016）の記述をもとにしている。

（1）多文化市民の育成

　2000年代になると、韓国では、外国人労働者や多文化家族の増加に伴い、多文化社会としての韓国という意識の醸成が求められ、国としての方針が転換されるようになった。

　そのため、教育においては、韓国社会において根強く残る単一民族主義や純血主義からの意識改革が求められている。冒頭で紹介したように、「韓国は単一民族国家である」とする教科書の記述が改められることになった。さらに、多文化を尊重する内容を編入した教育課程へと変更されていったのである。

　一方で、1948年に韓国が成立して以来形成されてきた単一民族国家としての韓国人意識は根強く残っている。また、外国人あるいは多文化家族の児童生徒に対する差別や偏見あるいはいじめが問題となっている。多文化化が著しく進む中で、多文化社会の市民を育成していくことが大きな課題となっている。

（2）学力向上と社会的平等

　①第二言語としての朝鮮語教育

　2000年代に入ると、韓国内で生まれた外国人家庭の児童生徒らの公立学校への編入学が増加し、第二言語としての朝鮮語（Korean as second language: KSL）教育が大きな課題となっていった。その

ため、2012年には、体系的な支援を提供するために、朝鮮語教育課程が告示されることになった。それまでは、朝鮮語の指導は、共通した教材もなく、対応は地域や学校にまかされている状況であった。それが、同教育課程の新設によって、朝鮮語の指導が必要な子どもの基本的な朝鮮語能力を強化するために、習熟度別で学級編成をし、初等学校、中学校、高等学校において正規のカリキュラムを設けることが可能となったのである。

KSLカリキュラムの実施を支援するために、いくつかの施策が進められている。例えば、国立国語院では、朝鮮語教育のための標準教材6冊（初等、中学、高校各2冊）が開発された。国立国際教育院では、大人ではなく子どもの朝鮮語能力のレベルを診断する判断テスト（Test of Proficiency in Korean: TOPIK）を開発し、推進している。また、中高多文化教育センターでは、KSL教育課程研究学校を中心に朝鮮語教育課程を運営する担当者の力量を高めるための研修やコンサルティングを行っている。以上のように、朝鮮語教育課程の告示とともに、それを実施していくための体制づくりが進められているのである。

②「予備学校」の設立

多文化家族の子どもを対象に、学校教育への適応を支援するために「予備学校」が設立されている。正規の学校に編入学する前に、適応教育を提供する場として、本人の希望に応じて、6カ月程度の朝鮮語と韓国文化の教育を行う。学校数は、2014年3月現在で、79校が開校している。

③多文化コーディネーター配置他

多文化コーディネーターの事業は、多文化家庭の子どもたちの社

会統合を促す必要から、教育科学技術部、文化体育観光部及び総理室が連携して行うプログラムである。主な仕事は、各市・道教育庁において、学校の編入学、入学相談、出入国管理局での外国人登録、国籍取得など、日常生活に関わるすべてに対応するワンストップ支援の試みを進めている。2013年10月現在、ソウル市、釜山市、世宗市、京畿道他の自治体で26人が配置されている。

その他、農村地域における多文化家族の子どものためのオンライン・メンタリングシステム、進路・進学指導、就職指導の取り組みなどもある。

（3）自文化の保障と文化的平等

韓国では、マイノリティ言語の教育に向けた取り組みが進められている。外国人につながりをもつ子どもたちへの対応のために、バイリンガル教育の質の向上を意図して、バイリンガル講師の育成を行っている。ベトナム語、タイ語、モンゴル語、ロシア語など韓国におけるマイノリティ言語講師を育成する目的で、4年生大学卒業でネイティブの資格をもつ人が、国立京仁大学、国立ソウル教育大学などで、1年間900時間の教育を受ける課程を設置している。

バイリンガル教材は、上述の韓国におけるマイノリティ言語が優先的に開発され、EBS（教育放送）教育プログラムが開発・普及されている。

5．残された課題

韓国は、国際結婚による多文化家族や外国人労働者が増加する中で、多文化化が急速に進行している。2000年代になると、こうした社会の変化に対応して、多文化主義への転換が図られ、在韓外国

167

人処遇基本法（2007）や多文化家庭支援法（2008）など、外国人に対する法的な整備が大きく進むことになった。教育においても、第二言語としての韓国語教育を充実する対策が進められ、母語と母文化の継承についても取り組みがみられるようになっている。

　しかし、多文化家庭の子どもたちへの支援は手厚い一方で、外国人労働者の子どもたちへの対応は進んでおらず、不就学が多いことが報告されている。また、外国人につながりをもつ子どもたちのドロップアウトの高さといった問題もある。さらに、外国人に対する

図表7　韓国のまとめ

1. 国の物語と国家統合の理念	・少子高齢化が進み、人口の維持が課題となっており、地方の嫁不足が深刻で、グローバル化に対応した高度な技能をもつ移民が必要とされている。このような国内外の状況を踏まえ、単一民族国家としての意識が高かった韓国であったが、外国人が著しく増加する中で、多文化主義の方向に大きく舵が切られることになった。
2. 多様性と教育をめぐる歴史的な展開	・1980年代の半ばになると、経済発展と民主化を背景に、外国人の流入が増加し、移民の受入国へと移行することになった。 ・2000年代になると、法律や政策の整備が大きく進んだ。2007年には、韓国における外国人政策の基本法となる在韓外国人処遇基本法が成立し、2008年には、多文化家族支援法が成立した。
3. 多文化教育の三つの課題への取り組み	・単一民族主義や純血主義といった教科書の記述が削除され、多文化を尊重する教育課程へと変更されている。 ・多文化家族の子どもを対象にした支援として第二言語としての朝鮮語教育が進められている。 ・ベトナム語、タイ語、モンゴル語、ロシア語など韓国におけるマイノリティ言語を育成する目的で、バイリンガル講師の育成をしている。
4. 直面する課題	・外国人労働者の子どもたちの間で不就学が多いという課題がある。 ・外国人につながりをもつ子どもたちに対するいじめや差別、ドロップアウトの高さへの対策が課題となっている。 ・マジョリティの意識改革が課題である。

出典：筆者作成。

いじめや差別をめぐるマジョリティの子どもの意識改革が求められている。急激に変貌を遂げた韓国社会において、多文化共生に向けた実効性のある教育改革が大きな課題となっているのである（**図表7**）。

（文献）

金泰勲「韓国における「多文化家庭」の子どもに対する韓国語教育政策」『外国人児童生徒の教育等に関する国際比較研究　報告書』2015 年 . 127-136 頁 .

金泰勲「外国人児童生徒に対する韓国の教育政策に関する考察──『多文化家族』の子どもの学習権を中心に」『Educational Studies 58 International Christian University』2016 年 . 15-23 頁 .

櫻井惠子「韓国における多文化家庭の子どもの教育」江原裕美編著『国際移動と教育──東アジアと欧米諸国の国際移民をめぐる現状と課題』明石書店 . 2011 年 . 249-267 頁 .

白井京「在韓外国人処遇基本法──外国人の社会統合と多文化共生」『外国の立法 235』2008a 年 . 135-145 頁 .

白井京「韓国の多文化家族支援法──外国人統合政策の一環として」『外国の立法 238』2008b 年 . 153-161 頁 .

松本麻人「韓国」文部科学省『諸外国の初等中等教育』明石書店 . 2016 年 . 270 頁 .

| 第10章 | # 日本
| --- | |
| | ——求められる多文化共生の基本指針 |

　「『移民』が支える人手不足日本」、これは、朝日新聞の一面に掲載された記事のタイトルである（真鍋、2017）。空港のホテルでの客室清掃。神社みやげのまんじゅうの製造。旅館に卸す仕出し弁当やデパ地下で売られる海苔巻きの調理。中学校での外国語指導助手（ALT）。ネットで利用者を募る家事手伝い。デイサービス、老人ホーム、病院……。フィリピン出身のセリンさんは、仕事を選ばずに働いていたら、人手不足の職種を転々とすることになったという。2016年10月末、外国人労働者数は108万人に達しており、就労が主目的でない外国人によって国内の産業は支えられている状況にある。こうした現実をみると、日本は移民国家にすでに足を踏み入れているといえるのではないだろうか。

　日本は人口減少社会となり、100年後には人口は現在の3分の1程度に減少すると予想されている。本格的な移民時代の到来はもはや避けて通ることはできない。他方で、外国につながりをもつ児童生徒の教育をめぐる現状をみてみると、不就学、学力、日本語、継承語、進路などをめぐり深刻な問題を抱えており、多文化社会へ本格的に移行するための体制づくりが急務になっている。本章では、多文化社会への対応が迫られている日本における多文化と教育をめぐる動向を検討したい。

171

1．日本の基本情報

（1）日本とは

　日本は、アジア大陸の東側に南北に 3,000km にわたって弓状に連なる島国である。面積は、37 万 7,900 キロ平方メートルで、北海道、本州、四国、九州の四つの島々と 7,000 に近い小さな島々からなっている。国土のおよそ 70％近くが山地で、農業や工業、宅地のための土地が海岸沿いに限られている。気候は、大半は温暖湿潤気候であるが、北海道の冷帯湿潤気候から、多良間島、八重山列島、沖大東島などの熱帯雨林気候までである。

　人口は、1 億 2,677 万人（2017 年 2 月）で、太平洋の海岸沿いの平野に人口が集中する傾向にある。言語は、日本語が使われている。宗教には、神道、仏教、キリスト教があるが、熱心に信仰している日本人は多くはなく、また、神棚と仏壇の同居する神仏習合が長く行われてきた。住民は、日本人が大多数を占めるが、アイヌ人、在日コリアンなども在住している。近年では、1989 年の出入国管理及び難民認定法改正後に南米の日系人が増加するとともに、国際結婚に伴う外国につながりをもつ人口が増加している（**図表 1**）。

（2）日本の教育制度

　ここで日本の教育制度をみておきたい（**図表 2**）。日本は中央集権的な教育制度を取っており、中央に文部科学省、都道府県、市町村に教育委員会が置かれている。

　就学前の機関には、保育所や幼稚園があるが、平成 18 年に、保護者や地域の多様化するニーズに応えるために、教育と保育を一体

第 10 章　日本——求められる多文化共生の基本指針

図表 1　日本の概要

正式国名 日本「にっぽん」「にほん」 国旗 日の丸  国歌 君が代 面積 37 万 7,900 平方キロメートル 人口 1 億 2,677 万人（2017 年 2 月） 首都 東京 政体　議院内閣制 議会　2 院制（衆議院、参議院）	主要産業 自動車、電子機器、工作機械、鉄鋼、非鉄金属、船舶、化学品、繊維製品 GDP 名目GDP　4 兆 3,836 億ドル（2015 年、内閣府年次推計） 通貨 円 人種構成 日本人、アイヌ人、在日コリアンなど 宗教 神道、仏教、キリスト教 神仏習合（神棚と仏壇の同居） 言語 日本語 在留外国人数 230 万 7,388 人（平成 28 年 6 月末、法務省在留外国人数統計） 在外日本人数 133 万 8,477 人（2016 年 10 月 1 日、外務省海外在留邦人統計）

出典：筆者作成。

的に行う「認定こども園」が創設された。

　義務教育は 9 年間で、小学校の 6 年間と中学校の 3 年間である。中学卒業生は、高校入試を受験して 3 年間の高等学校に入学する。近年では、新しい学校種として、小中一貫の義務教育学校、中高一

貫校などもある。

　高等教育は、短期大学（2年間）、高等専門学校（中学卒業後5年間）、大学（学士課程：4年間、修士課程：2年間、博士課程：3年間）がある。

　受験戦争や受験地獄などの言葉があるように、名門の高校や大学への受験は過度な競争がある。また、多くの児童生徒が、受験対策

図表2　日本の学校系統図

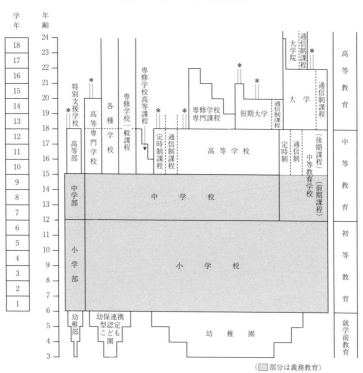

（■部分は義務教育）

出典：藤原文雄「日本」文部科学省『諸外国の初等中等教育』明石書店、2016年、306頁。

として塾や予備校にかよっている。

2. 国の物語と国家統合の理念

　日本は、韓国や中国との交流が古くから頻繁にあり、また、アイヌ民族が居住していることからも、多文化が社会の基本であったといえる。一方で、日本は、同一の血統や民族、文化を有する日本人によって構成されるとする単一民族国家という言説が形成されてきた。そもそも、日本人／外国人、国民／非国民の区分がつくられたのは、1899年の国籍法の成立による（テッサ・モーリス＝スズキ、2002）。当時の状況の中で創設された血統主義の国籍の考え方は、1899年体制として今日にも引き継がれているという。

　他方で、「日本」の境界をどう考えるかは、時代とともに変化してきた。日本、東洋、西洋の3項を考えた場合、「脱亜」か「興亜」かの間を揺れ動いている（小熊、1998）。日本は「東洋」であると同時に、「西洋」でもあるという両義性を帯びた言説が存在する。戦前は朝鮮、台湾、満州へと領土を拡張したが、優越感と劣等感、先進意識と後進意識、支配者意識と被害者意識が複雑に混じり合いながら、歴史的には一貫して自己の利益の視点から境界が引かれ日本の物語が語られてきたといえる。

　戦後になると、日本は、単一民族から成り立つとする単一民族国家という神話が強く打ち出されるようになった。戦後の復興、それに続く高度経済成長を背景に、日本企業が力を取り戻し、さらに世界へと進出していく中で、純粋で本質的な日本人像といったものが構築されていったのである。

　それが、近年では、政治家による単一民族国家といった発言がメディアでも問題にされるようになり、歴史的な事実や現実を踏まえ

た認識が広がっている。日本社会についても、在日の外国人やコリアン、アイヌなどを含めた多文化共生といったことが議論されるようになった。根強く残る単一民族意識を克服し、多文化社会としての日本社会の現実を直視できるのかが課題となっているのである。

3. 多様性と教育をめぐる歴史的な展開

日本はこれまでも、前述のとおり、日本民族のみならず、朝鮮半島や中国、アイヌ、沖縄などを背景にもつ人々が居住する多文化社会であったといえる。明治時代以降は、北米や南米へと多くの移民を送り出した経験をもつ。戦前は、朝鮮や台湾に植民地をもち、中国や朝鮮から多数が移住して日本国内の炭鉱などで働いたり、戦時中は強制的に労働者を徴用したりした。

（1）第二次世界大戦以降から1960年代まで

第二次世界大戦以前に日本に定住した中国人や朝鮮人とその子孫は「オールドカマー」と呼ばれる。敗戦後、日本国籍をもっていたオールドカマーは、サンフランシスコ条約締結後の法的処置により、1952年にその臣民権を剥奪された。外国人として出入国管理の対象となり外国人登録証の携帯が義務付けられ、また、日本社会への同化が強いられることになった。

一方で、日本は一つの民族から構成される単一民族国家であるという言説は、高度経済成長のもとで強化されていくことになった。経済発展がめざましかったこの時期、欧米の先進国とは異なり、日本では外国人労働者の大規模な流入といった現象は起こらなかった。その要因としては、地方から都市への労働力の移動、外国人労働者の導入を嫌う傾向、国際移民にとって魅力的ではなかった為替レー

第 10 章　日本——求められる多文化共生の基本指針

図表 3　日本略史

1867 年	明治維新
1910 年	日韓併合
1945 年	第二次世界大戦終結
1950 年	国籍法
1951 年	サンフランシスコ平和条約、出入国管理令
1979 年	難民の定住受け入れ開始
1989 年	出入国管理及び難民認定法の改正
1991 年	日韓覚書（在日韓国人の法的地位・待遇）
1997 年	旧土人保護法の廃止、アイヌ文化振興法の制定
2006 年	総務省「多文化共生プラン」の策定
2009 年	インドネシア、フィリピンから外国人看護師、介護福祉士候補受け入れ開始

出典：筆者作成。

ト、移民送り出し国とのネットワークの欠如、厳しい入国管理政策や国籍付与政策などが考えられるという（樽本、2016. 149 頁）。

（2）1970 ～ 1980 年の統合政策

70 年代の終わりから、外国人をめぐる新たな流入が始まった。これらの外国人は、第二次世界大戦以前に日本に定住した外国人であるオールドカマーに対して、「ニューカマー」と呼ばれる。まず、「ボートピープル」の渡日があった。1980 年からインドシナ難民の受け入れが、難民定住促進センターで始まった。また、国際社会からの圧力により、1981 年から 1982 年にかけて、日本は、国連の「移民の地位に関する条約」と「移民の地位に関する議定書」に加入することになった。

1980 年代にはボートピープルに加え、ニューカマーとして、フィリピン、韓国、台湾、タイなどから興行ビザで入国し風俗産業で働く女性、中国との国交回復（1972）に伴う残留孤児や残留婦人などの中国帰国者、欧米諸国からのビジネスマンなどの流入も続いた。

177

また、1980年代終わりから1990年代初頭のバブル経済の時期には、非合法労働者が大きく増加した。単純労働の需要が急増する中で、バングラデシュ、パキスタン、イランなどから観光ビザで入国して就労する非合法労働者の数は30万人に達した。

（3）1990年代以降の「統合の危機」と国民国家の再編成

　1990年代になると、新たな形で外国人労働者の受け入れが始まることになった。出入国管理及び難民認定法の改正（1989）に伴い、日系人が日本国内での就労が可能になり、ブラジルやペルーなどからの南米日系人の外国人労働者が急増することになった。また、1993年から技能実習制度が開始され、一定の条件のもとに外国人が研修や実習をすることができるようになった。ただ、正規の外国人労働者として受け入れないまま、人手不足を解消しようとする姿勢には批判が投げかけられている。2008年には、インドネシア、フィリピン、ベトナムとの2国間のEPA（経済連携協定）に基づく看護士、介護福祉士候補者の受け入れが始まった。外国人の流入はまた、農村などの深刻な嫁不足を解消するために、国際結婚が増加することによって生じている。

　多文化をめぐる動きとして特記すべきことに、在日コリアンをめぐっては、長年にわたる運動を経て、1991年に特別永住者の在留資格が認められることになった。日韓覚書では、課外での母語・母文化教育の公認、就学発給の案内、教育公務員への任用の際の国際条項の撤廃などが認められた。また、アイヌ民族に関しては、1997年に、旧土人保護法が廃止され、アイヌ文化振興法が制定されることになった。

　2000年代になると、在日外国人の在住期間の長期化や定住化が進む中で、自治体レベルで多文化共生をめぐる指針や計画の策定が

進められるようになり、2001年からは、外国人集住都市会議が開催されるようになった。

　こうした自治体レベルの動きを受けて、国においても少しずつ対策が打ち出されるようになった。例えば、総務省では、2006年に地方自治体が外国人住民に対してどのような支援をするかの行政

図表4　総務省「多文化共生推進プログラム」（2006）

1 コミュニケーション支援	(1) 地域における情報の多言語化	A	多様な言語、多様なメディアによる行政・生活情報の提供
		B	外国人住民の生活相談のための窓口の設置・専門家の養成
		C	NPO等との連携による多言語情報の提供
		D	地域の外国人住民の相談員等としての活用
		E	JETプログラムの国際交流員の活用等
	(2) 日本語および日本社会に関する学習の支援	地方 A	地域生活開始時におけるオリエンテーションの実施
		B	日本語および日本社会に関する学習機会の提供
		国 A	日本語および日本社会に関する学習の支援
		B	国の関係機関等のノウハウの活用
		C	永住許可取得時の日本語能力の考慮
2 生活支援	(1) 住居	A	情報提供による居住支援、入居差別の解消
		B	住宅入居後のオリエンテーションの実施
		C	自治会・町内会等を中心とする取り組みの推進
		D	外国人住民が集住する団地等における相談窓口の設置
	(2) 教育	地方 A	学校入学時の就学案内や就学援助制度の多様な言語による情報提供
		B	日本語の学習支援
		C	地域ぐるみでの取り組み
		D	不就学の子どもへの対応
		E	進路指導および就職支援
		F	多文化共生の視点に立った国際理解教育の推進
		G	外国人学校の法的地位の明確化
		H	幼児教育制度の周知および多文化対応
		I	JETプログラムの国際交流員の活用
		国 A	基本的な考え方の提示
		B	外国人児童生徒に対する日本語教育方法の確立
		C	不就学の子どもへの対応
		D	外国人学校のあり方の検討
	(3) 労働環境	地方 A	ハローワークとの連携による就業支援
		B	商工会議所等との連携による就業環境の改善
		C	外国人住民の起業支援
		国 A	就業環境の改善
		B	外国人労働者の実態把握と失業対策

			C	外国人住民の起業支援
	(4) 医療・保健・福祉	地方	A	外国語対応可能な病院・薬局に関する情報提供
			B	医療問診票の多様な言語による表記
			C	広域的な医療通訳者派遣システムの構築
			D	健康診断や健康相談の実施
			E	母子保健および保育における対応
			F	高齢者・障害者への対応
		国	A	社会保険への加入の促進
			B	医療通訳者の育成および費用負担の問題
			C	医療従事者や福祉関係者への研修の実施
	(5) 防災		A	災害等への対応
			B	緊急時の外国人住民の所在把握
			C	災害時の通訳ボランティアの育成・支援、連携・協働
			D	大規模災害時に備えた広域応援協定
			E	災害時の外国人への情報伝達手段の多言語化、多様なメディアとの連携
	(6) その他		A	より専門性の高い相談体制の整備と人材育成
			B	留学生支援
3 多文化共生の地域づくり	(1) 地域社会に対する意識啓発		A	地域住民等に対する多文化共生の啓発
			B	多文化共生の拠点づくり
			C	多文化共生をテーマにした交流イベントの開催
	(2) 外国人住民の自立と社会参画		A	キーパーソン・ネットワーク・自助組織等の育成
			B	外国人住民の地域社会への参画
			C	外国人住民の意見を地域の施策に反映させる仕組みの導入
			D	地域社会に貢献する外国人住民の表彰制度
4 多文化共生施策の推進体制の整備	(1) 地方自治体の体制整備		A	多文化共生の推進を所管する担当部署の設置
			B	指針・計画の策定
	(2) 地域における各主体の役割分担と連携・協働	基礎	A	市区町村の役割
			B	各主体の連携・協働
		広域	A	都道府県の役割
			B	各主体の連携・協働
	(3) 国の役割、企業の役割の明確化	国	A	外国人受け入れにかかわる基本的な考え方の提示
			B	日本語および日本社会に関する学習機会の提供
			C	外国人住民の所在情報を迅速・的確に把握するシステムの構築
			D	外国人住民にかかわる各種制度の見直しの促進
			E	多文化共生に関する情報提供および調査研究機能
		企業	A	企業の社会的責任の履行
			B	企業に求められる具体的対応

出典：加藤恵美「外国人の「参加」――その権利を保障するために」渡戸一郎・伊沢泰樹『多民族化社会・日本』明石書店、2010年、222頁。

サービスの指針として、**図表4**に示した「多文化共生推進プログラム」を策定した。また、関係省庁連絡会議による「生活者としての外国人」に関する総合的対策、文部科学省による「外国人児童生徒教育を充実するための方策」、「文部科学省の政策のポイント」などが提言されるようになっている。一方で、国の政策指針となる外国人基本法は制定されておらず、対症療法的な対策にとどまっていることが指摘される。

4. 多文化をめぐる教育の現状

文部科学省（2015）の調べによれば、2014年5月1日現在、公立学校に在籍する日本語指導を必要としている外国人児童生徒は2万9,198人である。これらの児童生徒は、全体の2割近くの学校に在籍しており、5割近い自治体に広がっている。また、日本語指導が必要な日本国籍の児童生徒数も増加している。その数は7,897人で、帰国児童生徒（1,535人）に加え、日本国籍を含む重国籍の場合や、保護者の国際結婚により家庭内言語が日本語以外の場合など、外国につながりをもつ子どもの増加が著しい。

（1）多文化市民の育成

日本は、単一民族で成り立つとする単一民族国家という考えが根強く残っていたが、近年では変化もみられる（多文化共生分科会、2014）。教科書の分析から検討すると、平成6年度使用の教科書には、「単一民族」の用語が散見されていた。それが、政治家などによる「単一民族国家」発言への批判が強まる中で、平成12年度使用の教科書では単一民族の記述はなくなり、日本は単一民族国家ではないと記述する教科書が目立ち始める。平成22年の教科書では、「多文

化」「共生」に関する記述が全般的に多くなってくる。在日外国人についての記述がみられるようになる一方で、アイヌ民族についての情報はまだ少なく、ある場合でも過去形での記述が多く、かつて存在していた人々という印象を与えるものとなっている。

　一方で、日本という多文化社会の市民を育成しようとする視点はあまりみられない。大学生の留学体験、小学校の英語教育など、世界で活躍できる人材を育成するグローバル戦略は推進されている。このような文脈で、グローバル人材の育成についてはさかんに議論されるようになったが、国際的な状況が想定されており国内の多文化共生の視点を欠く傾向にある。社会科、地理歴史科、公民科などの教科や総合的な学習の時間の一部として、多文化共生の課題についても取り扱われる場合もあるが、多文化社会の市民を育成するといった多文化教育の視点が教育課程の中心に位置付いてはいない。

（2）学力向上と社会的平等──外国人児童生徒教育

　外国人の子どもの教育政策は、日本語教育を中心に、教育現場からの要望に応える対症療法的な施策として展開してきた（佐藤、2010）。1990年の改正入管法の施行に伴う外国人児童生徒の急増に対応して、文部科学省では1991年から「日本語指導が必要な外国人児童生徒数」の実態調査が開始されることになった。学校現場のニーズに応えて、外国人児童生徒の受け入れや日本語指導に対する問題への対応が少しずつとられるようになっていった。

　日本語指導が必要な外国人児童生徒に対してはこれまで、日本語指導教室の設置や教員加配、バイリンガル支援員の巡回指導、学校への準備を促すプレクラスの実施など、受け入れ態勢が整えられるようになってきた。さらに、在籍学級への移行を促すために教科内容を基礎に日本語指導を行うJSL（Japanese as Second Language）

182

カリキュラムも開発されたりした。最近では、2014年度より「特別の教育課程」を編成し実施できるように制度が整備されている。

　一方で、自治体間の取り組みに格差が大きいことが指摘されている。日本語指導を行う教員、指導員、ボランティアの配置、都道府県による高等学校進学の特別枠の設定など、自治体によって対応が大きく異なっているのである。また、外国人生徒の学力は高校入試に対応できるまでに達していない場合も多く、高校進学率は、日本人生徒と比較して低い状況にとどまっている。

（3）自文化の保障と文化的平等

　日本の学校では、外国人の適応が中心で、文化や言語の保持・継承の視点はあまりみられない。自治体によっては、民族学級を設置したり、バイリンガルの支援員による母語の指導を行ったりしているところも一部あるが、一般に実施されているわけではない。

　エスニック集団の文化や言語を学ぶことのできる教育機関としては、韓国・朝鮮系の朝鮮学校、中国系の中華学校、ブラジル人学校などの外国人学校がある。しかし、ブラジル人学校においては各種学校の認可を受けていないところも少なくなく、認可を受けている学校でも私立学校補助金に比べ補助金は格段に少ない。そのため、外国人学校は、施設・設備などの充実が課題になっているところも多く、他方で、学校や児童生徒の財政的な負担が大きくなっている。

　アイヌ民族については、1997年に旧土人保護法が廃止され、アイヌ文化振興法が制定されることになった。2008年には「アイヌ民族を先住民族とすることを求める決議」が衆参両院で可決されている。一方で、アイヌ民族の言語や文化の維持・継承する教育は、一部の学校において取り組まれている程度で、学校教育全体においてはあまり進んでいない。

183

5. 残された課題

　少子高齢化が進み人口減少社会となる中で、外国人労働者の本格的な受け入れが現実的な課題となった。日本人の子どもたちも、グローバル化に伴って急激に変化する多文化状況への準備ができておらず、多文化共生社会を支える市民を育成することが課題となっている。

　外国につながりをもつ子どもたちをめぐっては、高校進学率が日本人生徒と比較して低い状況にとどまっており、学力向上に大きな課題がある。外国人児童生徒教育の取り組みは対症療法的で、自治体間の格差が大きい。また、エスニック集団の言語や文化を学ぶことのできる外国人学校についての法整備や支援体制は十分ではない。

　これらの課題に応えるためにも、多文化共生についての国としての基本理念を検討し、外国人基本法といった形での政策方針を示すことが求められている。日本においては、移民時代を見据えて、多文化社会における教育システムを早急に構築していくことが大きな課題となっているといえる（**図表5**）。

第 10 章　日本──求められる多文化共生の基本指針

図表5　日本のまとめ

1. 国の物語と国家統合の理念	・1899 年の血統主義に立つ国籍法により、日本人と外国人の関係が形成され、脱亜か興亜により日本の境界は揺れ動いてきた。戦後になると、単一民族国家といった見方が醸成されたが、歴史的な事実や現実をもとに多文化社会としての日本が少しずつイメージされるようになってきている。
2. 多様性と教育をめぐる歴史的な展開	・70 年代の終わりから、ニューカマーの流入といった外国人をめぐる新たな状況が始まった。 ・1989 年の入国管理及び難民認定法の改正により、南米からの日系人の流入が急増し、日本語指導を必要とする児童生徒が増加した。 ・2000 年代になると、在日外国人の在住期間の長期化や定住化が進む中で、自治体レベルで多文化共生をめぐる指針や計画の策定が進められるようになり、国レベルでも対策がとられるようになった。
3. 多文化教育の三つの課題への取り組み	・社会科、地理歴史科、公民科などの一部で、多文化共生の課題についても取り扱われるようになったが、多文化社会の市民を育成することが学校教育全体の課題とはなっていない。 ・外国人の子どもの教育政策は、日本語教育を中心に教育現場からの要望に応える対症療法的な施策として展開してきた。 ・日本の学校では、外国人の適応が中心で、文化や言語の保持・継承の視点はあまりみられない。一方、文化や言語を学ぶ場として外国人学校があるが、支援が十分ではないため一般に財政的には厳しい状況にある。
4. 直面する課題	・高校進学率は、日本人生徒と比較して低い状況にとどまっており、外国につながりをもつ子どもの学力向上が課題である。 ・取り組みが対症療法的で、自治体間の格差が大きく、国としての外国人基本法といった形での基本指針が求められている。 ・多文化共生を進めていくには、マジョリティ側の意識改革が不可欠である。

出典：筆者作成。

〔文献〕

小熊英二『〈日本人〉の境界』新曜社 . 1998 年.

加藤江美「外国人の『参加』──その権利を保障するために」渡戸一郎・伊沢
　　泰樹編『多民族化社会・日本──〈多文化共生〉の社会的リアリティを
　　問い直す』明石書店 . 2011–235 頁.

佐藤郡衛『異文化間教育』明石書店 . 2010 年.

樽本英樹『よくわかる国際社会学（第 2 版）』ミネルヴァ書房 . 2016 年 .

日本学術会議・地域研究委員会・多文化共生分科会「提言　教育における多
　　文化共生（案）」2014 年（http://www.scj.go.jp/ja/member/iinkai/kanji/
　　pdf22/siryo195-5-13.pdf　2017 年 9 月 29 日確認）

真鍋弘樹「「移民」が支える人手不足日本」『朝日新聞』2017 年 7 月 24 日.

モーリス＝スズキ, テッサ『批判的創造力のために──グローバル化時代の日
　　本』平凡社 . 2002 年.

文部科学省「「日本語指導が必要な児童生徒の受入状況等に関する調査（平成
　　26 年度）」の結果について」2015 年.

第11章 多文化教育の国際比較

　グローバル化が進む中で、国境を越えた人の移動は増加し、これまで検討してきたように、いずれの国においても移民の受け入れが進められてきた。とくに、戦後、人種・民族や文化が大きく異なるビジブル・マイノリティが流入し、社会統合が大きな課題となっている国々もみられた。また、異なる人々といかに生きていくかの取り組みについては、対象国における構成する人種・民族の割合、歩んできた歴史やその位置する地理などの違いによって、大きく異なっていた。

　では、これらの国々の国際比較を通して、どのような共通点や相違点が浮かび上がってくるのだろうか、特徴のある試みや興味深い事例などはみられるのだろうか。また、多文化と教育をめぐるアプローチには国際的な大きな潮流がみられるのだろうか。

　本章では、1．国の物語と国家統合の理念、2．多様性と教育をめぐる歴史的な展開、3．多文化教育の三つの課題への取り組み、といった視点から、多文化教育をめぐる国際比較を試みたい。

1．国の物語と国家統合の理念

　1点目の国の物語と国家統合の理念について概観してみたい。
(1) 戦後に労働者を受け入れたヨーロッパ諸国、(2) 伝統的な移民
国家、(3) アジア諸国に分けて対象国を検討する。

（1）戦後に労働者を受け入れたヨーロッパ諸国

　戦後に労働者を受け入れたヨーロッパ諸国では、旧植民地からの
移民が流入した英国やフランス、2国間協定を結びゲストワーカー
を受け入れたドイツを取り上げた。

　英国は、イングランド、ウェールズ、スコットランド、北アイル
ランドの統合に際し、政治的意識の共有を求める一方で文化的多様
性を許容する形で国家が成立した。そのため、多様性を尊重する風
土をもち、移民に対しても多文化主義政策がとられてきた。それが、
人種暴動（2001）やバス・地下鉄同時爆破事件（2005）、近年の東
欧からの移民の流入等を背景に、社会統合が重視され、シティズン
シップやブリティシュネスが重視されるようになった。

　ドイツは、民族の形成をとおして国家が統合されたため、ドイツ
人意識が強く、ナショナル・アイデンティティが優先される傾向に
ある。そのような背景から、血統主義の国籍法をもち、帰化も容
易ではなく、長い間、「移民の国ではない」とされてきた。それが、
多文化社会の現実に対応するため、1999年には、出生地主義を部
分的に採用した国籍法が改正され、2000年には移民法が改正され、
非移民国から移民国への転換が図られることになった。

　フランスは市民革命を経験し、共和国の理念（自由・平等・博愛）
や非宗教性（ライシテ）の原理を共有して、すべての国民が個人と

してフランス人になることが期待されてきた。公的空間においては
フランス社会の理念や規則を遵守することが求められる一方で、私
的領域においては、個人の文化的な自由は保障される。しかしなが
ら、現実には、移民の間で主流集団との交わりのない平行社会が形
成されており、社会統合が課題となっている。

　ヨーロッパ諸国では、国民国家が成立した後に、戦後の復興の過
程で移民が流入することになった。主流集団がすでに形成されてい
たため、移民はマイノリティ集団として編入された。これらのエス
ニック集団は、社会的な同化が進まず、ゲットー化して平行社会が
形成され、社会統合が課題となっている国も多かった。

（2）伝統的な移民国家

　伝統的な移民国家として、アメリカ、カナダ、オーストラリア、
ニュージーランド（NZ）を取り上げた。これらの国々は、先住民
の土地を収奪し、当初ヨーロッパ移民を受け入れながら形成されて
いった。

　アメリカは、自由と平等の理念のもとに、多様な人種・民族や文
化集団を統合して、「多から一つへ」「より完全な統一」を実現して
いくことは、建国以来の大きな課題だった。一方、その実現のプロ
セスをめぐっては、市場原理や自由競争を重視する保守派と平等や
福祉を重視する革新派の間で論争が絶えることはなく、自由と平等
をめぐるポリティックスが常に存在してきた。

　カナダは、フランス語系の第二の集団をもち、ケベック州の独立
分離を回避するために、二言語・二文化主義が提唱された。それが、
英仏系が覇権を握ることへの他のエスニック集団による反発から二
言語・多文化主義が採用されることになった。1988年には、世界で
初めて多文化主義法が制定され、二言語主義の枠内での多文化主義

政策が進められている。

　オーストラリアは、白豪主義をとり、アングロコンフォーミティによる同化主義が進められてきた。それが、1970年代後半になると、国の生き残りをかけて、アジアからの移民を受け入れるようになり、アジア太平洋国家化がめざされるようになった。白豪主義は破棄され、国として多文化政策を推進する方向へと転換された。

　NZ は、ワイタンギ条約（1840）に基づき、マオリとパケハ（白人）との二文化主義が基本に位置付いてきた。それが、移民法の改正（1987、1991）に伴い、移民の増加と多様化が著しく、多文化主義政策を求める声も大きくなっている。条約に規定されたマオリとパケハの二文化主義とマオリの権限を掘り崩しかねない多文化主義との葛藤が議論されている。

　移民の国といっても、人種・民族構成や歴史的な経験により、多文化に対応するアプローチが異なっている。草の根の運動として多文化主義が浸透しているものの国としての政策がほとんどみられないアメリカ、多文化主義法を制定したカナダ、国として多文化主義政策を進めるオーストラリア、二言語主義と多文化主義の間で揺れている NZ など、国によって多様性の中身や対処の仕方が異なっていた。

（3）アジア諸国

　アジア諸国として取り上げたシンガポール、韓国、日本は、それぞれにユニークであった。

　シンガポールは、民族、宗教、言語が異なる中国系、マレー系、インド系等から構成される多民族国家である。シンガポールでは、国家の形成をめざして国民統合が大きな課題となっており、多人種主義（multiracialism）の理念と徹底した能力主義を推し進め、国民

的アイデンティティの形成と経済発展が図られてきた。

　韓国は、近年、少子高齢化を背景とする人口の維持、地方の深刻な嫁不足、高学歴化によるブルーワーカーの不足、グローバル化に伴う高度技能労働者の需要などのため、移民の受け入れが不可避な状況となった。単一民族国家としての国民の意識は高かったが、国内外の状況を踏まえ、外国人労働者を正規に受け入れ、多文化主義政策を進める方向に大きく舵が切られている。

　日本は、高度成長期には、地方からの労働者や女性の流入などにより、外国人労働者を受け入れることにはならなかった。それが、1980〜90年代になると、非正規の外国人労働者といったバックドア、研修生、日系人といったといったサイドドアから、労働者の受け入れが進められるようになっている（鈴木、1996）。多文化の課題をめぐっては、自治体やNPOなどを中心に取り組みが進んでいる地域もあるが、国としての基本方針は示されていない。

　国家統合をめざして、建国以来、多人種主義の政策を推進してきたシンガポール、2000年代になり急速に多文化政策の整備が進んだ韓国、正規の外国人労働者の受け入れをせず、国としての基本政策を欠いている日本と、それぞれに特色をもっていた。

2. 多様性をめぐる歴史的な展開

　次に、2番目の多様性をめぐる歴史的な展開について概観したい。第二次世界大戦後の移民に対する対応は、(1)第二次世界大戦以降から1960年代まで、(2)1970〜1980年代の統合政策、(3)1990年代以降の「統合の危機」の三つのフェイズに従って検討する。

（1）第二次世界大戦以降から 1960 年代まで

　ヨーロッパ諸国においては、戦後の再建やその後の高度経済成長に対応するために、外国人労働者を受け入れることになった。ドイツでは２国間協定を結び、トルコなどからの外国人労働者の導入が開始された。英国では、植民地から独立したパキスタンやカリブ系の国々からの移民の流入がみられるようになった。また、フランスでは、北アフリカのマグレブ三国（モロッコ、チュニジア、アルジェリア）からの移民の受け入れが進んだ。

　伝統的な移民国家には、英国につながりをもつ国々が多いが、白人は早い時期にホスト社会の主流集団を形成し、他のエスニック集団に対しては同化政策がとられた。移民の受け入れは白人を中心としていたが、戦後になると、受け入れ制限の撤廃に伴い、民族も文化も異なるエスニック集団が著しく増加した。アメリカでは、メキシコ人の農業労働者を雇用するブラセロ計画（1942-64）が実施され、また、1965 年の移民法改正により、メキシコやアジアからの移民が著しく増加することになった。カナダでは、1962 年の新移民法によりヨーロッパ出身移民を優先する規制が撤廃され、ビジブル・マイノリティが著しく増加した。オーストラリアでは、戦後、英国系の移民だけでは足りず、南欧や東欧から、さらにアジアを中心とした非ヨーロッパからの移民や難民を積極的に受け入れはじめた。

　アジア諸国の中で、シンガポールでは、建国以来、多人種主義がとられ、国家形成のために積極的な政策が進められた。韓国や日本においては、単一民族国家といった神話が形成されていった。

　この時期は、主流集団への同化主義が基本であったが、戦争やファシズムに対する反省から、人権が重視されるリベラルな福祉国家の政策が推進されていった。労働移民として特徴としては、文化

や宗教の面で異質であるビジブル・マイノリティの流入が広がったことがあげられる。また、1960年代には、公民権運動の影響から、先住民の権利獲得運動が世界的に展開することになった。

（2）1970〜1980年代の統合政策

英国、ドイツ、フランスなどのヨーロッパ諸国では、1970年代になると、高度経済成長が終わり、労働移民の受け入れが停止された。一方で、労働移民の帰国は進まず、家族の呼び寄せは継続したため、移民の増加は続いた。英国では、エスニック集団に特別な雇用訓練を提供するポジティブ・アクションが実施され、また、すべての子どもが多様性を学ぶことを提言したスワン報告書（1985）が出された。ドイツでは、帰国促進政策もとられたが、呼び寄せなどによりゲストワーカーの定住化が進んだ。フランスでは、教育政策優先地域や都市計画優先地域など、社会統合を促すための政策が推進された。

伝統的な移民国家においては、多文化主義を推進する法律や政策がつくられるようになった。アメリカでは、公民権運動を背景にマイノリティ集団へのアファーマティブ・アクション（積極的差別是正措置）がとられるようになり、多文化教育の取り組みが広がった。カナダでは、1971年に公式な政策として多文化主義が採用され、1988年には世界で初めての多文化主義法が制定された。オーストラリアでは、1970年代後半に白豪主義から多文化主義へと国家政策が転換され、多文化政策の取り組みが進んだ。NZでは、二文化主義の理念を基盤にマオリ復権運動が展開した。

アジア諸国の中で、シンガポールでは、引き続き国民的アイデンティティの形成が重視された。韓国では、1980年代の半ばに、経済発展と民主化を背景に外国人の流入が増加し、移民の送り出し国

から受け入れ国へと移行した。日本では、単一民族信仰に対する批判もみられるようになり、1980年代になるとインドシナ難民の受け入れやフィリピン人、中国人、日系南米人らのニューカマーの渡日も増加した。

70年代から80年代にかけて、リベラルな思潮のもとで、移民に対しては、独自の文化や生活習慣が尊重する多文化主義的な政策が進められていった。また、とくにヨーロッパ諸国においては、公的扶助や法的・政治的な諸権利を国民以外にも適用しようというデニズンシップ政策も進んだ。

（3）1990年代以降の「統合の危機」

1990年代になると、ヨーロッパ諸国では、統合の危機を経験することになる。英国では、人種暴動（2001）やバス・地下鉄同時爆破事件（2005）などのテロの頻発や近年の東欧からの移民の流入等を背景に、社会の統合が重視されようになった。ドイツでは、国籍法（1999）と移民法（2004）を契機に移民の国として歩み出すことになったが、トルコ系移民等の統合の問題に直面している。フランスでは、人種暴動（2005）、パリ（2015）やニース（2016）でのテロなど、移民統合への悲観的な見方が強くなるとともに、極右の国民戦線が大きな勢力をもつようになった。「多文化主義は失敗した」と、ドイツのメルケル首相、そして、英国のキャメロン前首相が発言し注目を集めた。

伝統的な移民国家でも、エスニック集団の社会統合やテロへの対策が重視されるようになっている。アメリカでは、9.11同時多発テロ（2001）により、国境管理や移民の取り締まりが強化され、黒人のオバマ大統領が誕生したものの、警官によるレイシャル・プロファイリングなど人種差別の改善には必ずしも向かっていない。カ

ナダでは、保守政権のもとで多文化主義政策の廃止や縮小を唱える動きもみられたが、多文化主義を支持するトルドー政権が誕生した。オーストラリアでは、多文化主義の言葉が使われなくなり、その代わりにシティズンシップが議論されるようになった。NZ では、アジア系の移民が急増し、マオリとパケハ（白人）の二文化主義と多文化主義の葛藤をめぐって議論が展開している。

アジア諸国の中で、シンガポールでは、国際競争に生き残る経済政策が進められるとともに、シンガポール人としての意識の涵養が進められた。韓国では、1980 年代の半ばになると、経済発展と民主化を背景に外国人の流入が増加し、2000 年代には在韓外国人処遇基本法（2007）や多文化家族支援法（2008）の成立など、多文化主義政策が打ち出された。日本では、非正規の労働者、研修生、日系人など正規ではない形で外国人労働者を受け入れる一方、多文化の課題に関しては自治体や NPO などで熱心な取り組みもみられたが、国としての基本的な方針は示されていない。

1990 年代以降になると、以上のように、人種暴動、テロリズムなどが増加するようになり、世界的に統合の危機が意識されるようになった。1990 年代前後の難民の急増などを背景に、諸国では国内の人口に占める移民の比率が高くなる傾向にあった。また、移民集団の住み分けが進み、平行社会といった特定の地域に集住する移民の住居パターンが問題にされるようになった。統合政策が必ずしもうまく機能しておらず、貧困や失業率の高さなどの現実があった。移民の間では、社会に受け入れられていないという意識が高まり、抗議活動やイスラム原理主義の運動などが高揚する一方で、主流集団の間では、移民を排斥する動きや極右政党が躍進するなどの動向がみられるようになった。

3．多文化教育の三つの課題への取り組み

　3番目に、多文化教育の三つの課題への取り組みについて概観したい。多文化教育の目的には、(1)多文化社会に生きる力（コンピテンシー）を培う「多文化市民の育成」の側面、(2)すべての子どもの学力とキャリアを保障する「社会的平等」の側面、(3)すべての子どもの自文化の学習を保障する「文化的平等」の側面がある。これらの三つの視点から、とくに特徴的な例を中心に検討する。

（1）多文化市民の育成

　多文化教育の目的の一つに、すべての子どもに多文化社会で生きる力（コンピテンシー）を培うことがある。多文化社会についての知識、偏見や差別、異文化間コミュニケーション、社会への参画等を学ぶことを通して、多文化社会における市民の育成がめざされる。

　この点で、シティズンシップを育成する教育が建国以来重視され実践されてきた国々があった。例えば、フランスでは、1世紀にわたり、自由、平等、博愛の価値を伝え、合理的な思考のできる市民の育成が重視されてきた。また、シンガポールでは、国家統合をめざして、国民的なアイデンティティの涵養を通して、シティズンシップ教育が進められてきた。

　一方で、1990年代後半以降、統合の危機に対応して、シティズンシップ教育は国際的に大きな発展がみられた。英国では、シティズンシップ教育が中等学校で必修となり、多様性の問題を取り扱うようになった。EUでは、アクティブ・シティズンシップを提唱しているが、ドイツやフランスでもシティズンシップ教育がいっそう推進されるようになった。オーストラリアでは、ナショナルカリ

キュラムの学習領域の一つにシティズンシップが位置付けられた。

　また、今日的に求められる力として、異文化理解や異文化間コミュニケーションをあげているところもある。アメリカでは、幼児教育や教員の養成・研修において多様性を理解し尊重することをめざす資質・能力スタンダードが設けられていた。オーストラリアでは、ナショナルカリキュラムの汎用的能力の一つとして異文化理解が取り上げられていた。NZ では、ナショナルカリキュラムのキーコンピテンシーの一つに「他者への理解」があげられており、また、マオリの言語と文化がすべての子どもに学習されていた。その他、韓国では、多文化家族をめぐる課題への対処として、教員養成課程に多文化教育が導入されるとともに、単一民族としての韓国人に対する意識改革が推進されていた。

（2）学力保障と社会的平等

　多文化教育の目的の一つに、社会的平等をめざし、すべての子どもの教育の権利を守り、学力を向上させ、キャリアの実現を支援していくことがある。子どもの言語や文化の違いを考慮して、第二言語や適応指導などの特別なニーズへの対応、教育方法の改善、学校の多文化化、教員の養成や研修などが考えられる。

　この点で、移民の子どものニーズに対応して、第二言語教育に力を入れている国は多い。ドイツでは PISA ショック以降、就学前や学校教育での移民の子どもたちに対するドイツ語教育が重視されていた。英国やフランスでも、学力向上を意図して第二言語教育を推進していた。カナダやアメリカでは、ESL 教育やバイリンガル教育を通して、英語力の向上が推進されていた。オーストラリアやNZ でも、第二言語教育が充実していた。韓国では近年、多文化家族の子どもを対象にして、第二言語としての韓国語教育の整備が進

められた。

　また、エスニック集団を対象として、学力向上政策をとっている国もあった。イギリスやフランスでは、教育優先地域の指定により学力向上策を進めているが、貧しい地域に集中する移民の子どもたちもその恩恵を受けていた。アメリカでは、主流とエスニック集団の間のアチーブメントギャップを解消する政策が進められていた。オーストラリアでは先住民を対象に、NZ ではマオリ及び太平洋島嶼国系を対象に、シンガポールではマレー系を対象に学力向上に向けた取り組みがみられた。

（3）自文化の学習権と文化的平等

　多文化教育の目的の一つに、文化的平等をめざし、すべての子どもに自らの文化や言語を学ぶ権利を保障することがある。自分のもつ文化や母語を保持することは、第二言語習得の際の言語能力の基礎、親やエスニック集団とのコミュニケーションの手段、さらに、主体形成の基盤でもあるからであった。

　この点について、フランスでは、2 国間協定により教育課程外であるが学校で出身国派遣の教員が言語や文化の保持を目的に授業をしていた。アメリカでは、継承言語・文化を維持する維持型や双方向型のバイリンガル教育を実践しているところもあった。カナダでは、継承語教育がいずれの州においても公的な補助金を受けながら進められていた。オーストラリアでは、継承語の維持を目的に学校でもコミュニティ言語の教育が提供されており、放課後や土曜日にエスニック・コミュニティースクールが開かれていた。ニュージーランドでは、言語や文化を維持するために、マオリや太平洋島嶼国系のイマージョン教育に取り組む学校が設立されていた。シンガポールでは、バイリンガル教育が進められているが、多人種主義の

もとで民族的な言語や文化を維持・尊重するために、出身言語が学ばれていた。韓国では、ベトナム語、タイ語、モンゴル語、ロシア語などマイノリティ言語を育成する目的で、バイリンガル講師の育成をしていた。

4. おわりに——国際比較から得られた知見

では、国際比較からみえてくる共通性や相違性、特徴的な事柄などについてまとめてみたい。知見のいくつかは、以下のとおりである。

・国の経験や物語については、国の成り立ちから、(1) 戦後に労働者を受け入れたヨーロッパ諸国と (2) 伝統的な移民国家では、移民の流入や直面している課題など、ある程度の共通する傾向が見られた。取り上げた (3) アジア諸国については、国の民族構成や社会状況の違い、国の方針などによってその取り組みは大きく異なっていた。

・対象とした国々では、多様性に対応して独自の取り組みが進められていた。一方で、多文化主義や多文化教育が進んでいるといわれる国々においても、諸集団の文化や言語を対等に取り扱うといった政策をとっているわけではなく、あくまで主流集団を中心に教育政策が進められており、社会資源が許される範囲において、エスニック集団の文化や言語に配慮するといった程度であった。

・第二次世界大戦後の国際移民を捉える枠組みである(1)第二次世界大戦以降から 1960 年代まで（外国人の労働者を受け入れた戦後の復興や高度成長の時代）、(2) 1970 〜 1980 年の統合政策（高度成長が終わり受け入れが停止される一方で福祉国家の政策が進められた時代）、(3) 1990 年代以降の「統合の危機」と国民国家の再編成（移民

の問題が意識され国民への統合が進められた時代）の時代区分については、国によっても異なるが、おおむね妥当であると考えられる。一方で、アジア諸国については、国の内外における状況を反映して独自の展開がみられた。

・多文化主義や多文化教育をめぐっては、1970年代のリベラルな潮流の中で、多くの国で取り組まれるようになった。それが、1990年代以降は、とくに新自由主義的な政策が進められ、市場原理のもと福祉が切り捨てられる中で、予算カットや政策の廃止などが進み、多様性へ配慮した教育政策は停滞する傾向にあった。

・多様性と教育のアプローチとしては、多くの国で、1970年代には特別なニーズをもつエスニック集団を対象にしていたものが、1990年代以降になると、すべての子どもを対象とした、多文化社会におけるシティズンを育成するものへと変容していた。

・一方で、国際経済を勝ち抜くために教育改革が国家戦略の主要な項目の一つなっており、学力向上政策が進められていた。その文脈で、主流集団とエスニック集団の学力格差に焦点があてられ、積極的な学力向上政策やその基盤となる言語政策を推進している国々も増加していた。

・他方で、人種問題やテロの深刻化を背景に、社会統合の問題が大きくなっていた。とくに、1990年代以降は、国家統合の危機に直面して、ナショナル・アイデンティティを強調するシティズンシップ教育を重視する国が増えていた。シティズンシップ教育が、ナショナルカリキュラムの学習領域の一つに位置付けられたり、必修科目となったりする国も増加していた。

・エスニック集団の継承文化・言語の教育については、1970年代以降、マイノリティの権利獲得運動を背景に大きく進展した。しかし、現在では、民族的アイデンティティやバイリンガリズムを推進

する政策は一般に低調な傾向にあった。一方、先住民の土地を収奪した移民国家では、先住民の言語や文化を回復する政策がとられている。

・ドイツや韓国のように、近年、移民や外国人をめぐり政策を大きく転換をした国々もあった。ドイツでは、国籍法（1999）と移民法（2000）を契機に、部分的に出生地主義を取り入れ、移民の国として歩み出した。また、韓国では、外国人政策の基本法となる在韓外国人処遇基本法（2007）や多文化家族支援法（2008）などを成立させ、多文化政策を推進するようになった。

（文献）

江原裕美編『国際移動と教育——東アジアと欧米諸国の国際移民をめぐる現状と課題』明石書店 . 2011 年 .

カースルズ, S.・ミラー , M.J.（関根政美訳）『国際移民の時代〔第 4 版〕』名古屋大学出版会 . 2011 年 .

佐藤成基「国民国家と移民の統合——欧米先進諸国における新たな『ネーション・ビルディング』の模索」『社会学評論』60.3. 2009-2010 年 . 348-363 頁 .

鈴木江里子「非正規滞在者からみた日本の外国人政策——本音とタテマエ」有田伸・山本かほり・西原和久編『国際移動と移民政策——日韓の事例と多文化主義再考』東信堂 . 2016 年 . 23-46 頁 .

園山大祐編『岐路に立つ移民教育——社会的包摂への挑戦』ナカニシヤ出版 . 2016 年 .

樽本英樹『よくわかる国際社会学（第 2 版）』ミネルヴァ書房 . 2016 年 .

松尾知明編『多文化教育をデザインする——移民時代のモデル構築』勁草書房 . 2013 年 .

松尾知明『多文化教育がわかる事典——ありのままに生きられる社会をめざして』明石書店 . 2013 年 .

松尾知明『21 世紀型スキルとは何か——コンピテンシーに関する教育改革の国際比較』明石書店 . 2015 年.

終　章	**多文化共生のシナリオ**
	──競争から共創へ

「多文化主義は失敗だった」のだろうか。

　そうではないだろう。その言葉は、多文化共生を実現できなかった政策の失敗のことを意味していると捉えるべきである。

　新自由主義が席巻し、市場原理による競争は、福祉を切り捨て、集団間の格差を拡大させ、社会の分断を生む要因となってきた。このまま進めば、ますます不安定な社会状況を生んでしまう。

　他方で、グローバル化が進む中で、多文化化の進展は避けて通ることができない。差異とともに生きることはもはや選択ではなく必然となっている。私たちは、大きな困難を伴うことを知りつつも、差異と共に生きる社会を共創していかなければならないのである。

　終章では、競争から共創への転換を見据え、多文化共生のシナリオの一端を描いてみたい。

1. 多様な人々と生きていくしかない私たち

　私たちは、差異とともに生きていく以外の道は残されていない。グローバル化が進む中で、社会の多文化化というトレンドは後戻りすることはできない。一方で、同質から多様への社会の変容は、必ずしも問題ばかりではないだろう。多様性はこれまでも新しいもの

図表 1　移民に依存する先進国

先進国─OECD 域内の先進国など──は、ハイテク分野などでの技能と専門知識の提供を移民に依存し続けるだろう。インテル（Intel）のアンディ・グローヴ（Andy Grove）やヤフー（Yahoo）のジェリー・ヤン（Jerry Yang）、グーグル（Google）のセルゲイ・ブリン（Sergey Brin）などの移民が、カリフォルニア州シリコン・バレーの世界的成功を牽引しており、今後はそうした人材をめぐって、特にインドや中国などの新興経済諸国との国際競争が激化するだろう。

すでに先進国では、特に情報技術、保健医療、ケータリング、農業などの部門で、移民を利用して自国の労働力不足を補っている。米国では低技能職の３分の１以上を移民が占めており、その割合は──他の多くの OECD 諸国でも──1990 年代半ば以降増加している。この増加を加速させている原因の一つには、ますます多くの自国民が以前より長く教育を受けて高い資格を持つようになり、未熟練労働をいっそう敬遠するようになっていることがある。また、OECD 諸国の平均年齢の上昇も原因の一つである。出生率が低下して平均寿命が延びるにつれて人口が高齢化するため、今後はほぼすべての先進国で子どもと退職者を支える労働者が減少すると考えられる。

出典：キーリー、2010 年、12 頁。

を生み出す原動力であったり、また、足りない労働力を補ってくれたりと、私たちの生活を豊かにしてくれてきたものでもある（**図表1**）。

　先進国を取り巻く状況を考えると、社会の多文化化は今後も間違いなく進行していくだろう。私たちの生活は、移民なしにはもはや成り立たなくなっているという状況を直視する必要がある。

2．新自由主義の矛盾・限界と多文化主義

　多文化主義政策が、ゲットー化するエスニック集団の平行社会を生み出し、国を分裂させてきたといった言説が流布された[(1)]。これは、論理のすり替えであり、事実とは異なっている。この数十年間で進められてきたのは、むしろ多文化主義政策の切り捨てであり、新自由主義的な政策の推進と浸透であった。

終章　多文化共生のシナリオ——競争から共創へ

　1980年代後半以降、新自由主義的な政策が世界を席巻し、市場原理に基づく競争が強いられる一方で、エスニック集団への支援は削減され、多文化主義的な政策は大きく後退していった。立場の弱い移民や難民等は、福祉が削減され自由競争が強いられる中で、より不安的な生活を強いられるようになった。社会の多様性を尊重し、エスニック集団の社会への参画を支援していこうとする政策は、大きく切り崩されていったのである。

　一方で、欧州でみられたように、多文化主義に変わる統合概念として、インターカルチュラリズムやリベラルナショナリズムが推奨されてきた（関根、2016）。EUでは、『インターカルチュラル対話——威厳をもった対等な共生』（The council of Europe）の発表以降、相互交流・理解が強調されてきた。また、受け入れ国の価値や文化が軽視されてきたとして、社会的な結束を重視してシティズンシップ教育が推進されてきた。

　対話による相互理解を促すとともに、市民社会の原理や義務を重視していくことは重要である。しかし、問題は、そうした主張のもとで、多様性を価値ある資源とする考えが失われ、社会的な負担として捉える考えが浸透していったことにある。移民や難民は問題をもつ者として表象されるようになり、差別や偏見も増幅されていったといえる。また、もたざる者の不満の一部は、そのはけ口として移民排斥に向かうことになったのである。

　国際的に広がるテロは、社会の格差を生んできた新自由主義的な政策の矛盾が一挙に吹き出し、もはや限界にきているサインとして受けとめるべきなのではないだろうか。1980年代後半以降の新自由主義の中で、勝ち目のない競争を強いられ、エスニック集団が社会に居場所を喪失していったことがその根底にあるように思われる。

　したがって、このような時代だからこそ、多文化主義という理念

205

をもう一度見直す必要があるのではないだろうか。多文化主義への批判は一面的なものが多いが、多文化主義をめぐってはこれまでもさまざまな理論的な検討や議論が続けられてきた（Goldburg、1994; May & Sleeter、2010）。また、インターカルチュラリズムやリベラルナショナリズムは、多文化主義を否定するというよりは、その弱点を補強するものとも捉えることができる（関根、2016）。文化的な差異にかかわらず、社会から受容され、居場所がもてる社会状況をどのようにつくっていけるのか、貧困や差別の問題を直視し、いかにして希望が感じられる多文化の共生を実現していくのか、多文化主義政策が追求してきた課題に今まさに直面しているのである。

3．多文化共生の困難さ

重要なのはまず、多文化の共生はきわめて大きな困難を伴うという現実を自覚することだろう。多文化主義を推進し、多文化共生に比較的成功してきたと思われるカナダやオーストラリアにおいても、その是非については議論が戦わされている。移民への対処が遅れ、多文化主義的な政策が進まなかったヨーロッパ諸国では、国内に平行社会を生み出し、テロの温床を形成してしまった国もある。こうした状況は、移民や難民への風当たりを強め、ナショナリズムの高揚を生んでいる。

多文化社会の現実というのは、サラダボウルやオーケストラのイメージのように平和的な共存というよりは、異なるパースペクティブのために、利害が対立し競合する衝突の絶えない社会といった性質のものであろう。何が正しいのか、限られた資源をいかに配分すべきかといった問題はコンセンサスを得ることはそう簡単ではない。さまざまな見方をもつ人々がいることを考えると、摩擦や軋轢があ

ることはある程度はしかたのないことかもしれない。

　しかし、共に生きていくためには、こうした困難さを認識しつつ
も、お互いの違いを認め合いながら、共通のルールを見出す努力が
必要である。その際、自文化からの自己主張に終始するのであれば、
意味のあるコミュニケーションは成立しない。異なる視点を知り、
個々の物語にしっかりと耳を傾け、関係を学びながら、共に生きる
道を探っていかなければならないのである。

4.　多文化共生への基本的な視座

　ここで、差異と共に生きていく困難さを直視し、日本において多
文化共生を進めていく上で、二つの基本的な視座を提案したい。

（1）マジョリティとしての日本人が変わること

　第一の提案は、マイノリティに変わることを強いるだけではな
く、マジョリティとしての日本人自身が変わることである。ここで
は、ホワイトネス研究[2]に着想を得た「日本人性」の概念をもと
に、日本社会の脱構築ということに触れたい（松尾、2007）。

　日本人性（日本人であること）とは、日本人／非日本人（外国人）
の差異のポリティックスによって形成されるもので、目にみえない
文化実践、自分・他者・社会をみる見方、構造的な特権から構成さ
れるものである。

　日本人であることは、第一に、不可視な文化実践をもつことを意
味する。日本社会では、日本人の制度、慣習、好みに従って生活が
営まれるが、こうした文化的な慣行はあたり前のことなので通常意
識されることはほとんどない。第二に、日本人であることは、自
分・他者・社会をみる見方をもつことを意味する。日本社会の中で

何がノーマルで価値があるかは、マジョリティ（日本人）の基準を
もとに決定される。第三に、日本人であることは、特権をもつこと
を意味する。日本人は、目にみえない文化的な規範をもつため、自
らのルールが暗黙のうちに優先されるという社会的な特権を有して
いる。

　これらの文化的な標準や特権は、空気の存在を意識しないように、
マジョリティ（日本人）側には当然のこととして認識されないため、
マイノリティ（外国人）の主張は、日本社会の基準に合わないもの
として排除されてしまう傾向にある。多文化共生をめざすには、こ
のような日本人性に伴う日本人と外国人の間の非対称な社会関係や
不平等な社会構造を変えていく必要があるだろう。多文化共生の実
現には、暗黙の了解とされている力関係や文化実践を見える化する
とともに、マジョリティとしての日本人自身が変わっていくことが
不可欠なのである。したがって、日本人性のつくり出す文化実践を
意識化して、日本人自身が変容していくことで日本社会の脱構築を
進めていく必要がある。

（2）多文化共生のまなざし

　提案したいことは第二に、多文化共生のまなざしを涵養して、日
本社会の再構築をめざすことである。日本人／外国人という2項対
立的な枠組みをずらし、自文化中心主義のパースペクティブを克服
した新たな視点から、日本の物語を語り直していくことである。

　さて、一人の人間は、人類の一員であり、文化諸集団の成員であ
り、一個人でもある。そのような人間の属性を考えると、多文化共
生社会をめざすには、①学力の保障や自文化の継承など、差異にか
かわらずすべての者の人権を守る「人間としてのまなざし」、②文
化的な多様性や個人的な差異に応じて支援する「文化や個人の差異

終章　多文化共生のシナリオ――競争から共創へ

に対応するまなざし」、③異なる他者と協働して生きていく意志を
もつ「差異と共に生きるまなざし」が必要であるように思われる。

---

①人間としてのまなざし
②文化的・個人的な差異に対応するまなざし
③差異と共に生きるまなざし

　多文化社会に生きる私たちは、状況に応じていかなる位置取りを
していくかで、自らの立ち位置は多様な現れ方をするものといえる。
したがって、日本人／外国人の本質主義的で[3]2項対立的なまな
ざしではなく、一人の人間として、文化的・個人的な個性をもつ集
団の一員や個人として、あるいは、多文化の共生に向けて協働する
市民として、状況に応じた適切なまなざしを使い分けていくことが
必要である。こうした柔軟な視点から、自文化中心主義的な文化実
践を生み出す自らの日本人性と向き合い、多文化社会を生きるコン
ピテンシーを育みながら、日本社会の再構築をデザインしていくこ
とが期待されているといえる。

5. インクルーシブな社会の共創に向けて

　最後に、マジョリティとしての日本人自身の変容と多文化共生の
まなざしの涵養といった基本的な視座に立ち、日本というインク
ルーシブな多文化社会を共創していくための教育のあり方を、(1)多
文化市民の育成、(2)学力向上と社会的平等、(3)自文化の保障と文化
的平等の点から提言したい。

（1）多文化市民の育成

　第一に、多文化社会に生きる力（コンピテンシー）をもった多文
化市民の育成を進めていくために、例えば以下のことが必要だろう。

209

・日本としての多文化共生社会に向けた基本方針を提示することが必要である。ドイツや韓国が近年選択したように、日本においてもまず多文化共生をめざす覚悟を決めることが不可欠である。前述のとおり、ドイツでは、国籍法（1999）と移民法（2000）を契機に、部分的に出生地主義を取り入れ、移民の国であることを表明した。また、韓国では、外国人政策の基本法となる在韓外国人処遇基本法（2007）や多文化家族支援法（2008）などを成立させ、多文化主義政策への転換を図った。これらの国に習い、移民時代を見据え、日本が将来とるべき多文化共生の方向性を明確に打ち出すときである。

・その上で、日本社会においてどのような多文化市民を育てていくのかを明確にしていく必要がある。国際比較でみたように、多くの国ではシティズンシップ教育に熱心に取り組んでおり、アクティブな市民の育成をめざしている。その際、英国が、クリック報告書の三つの柱に、アジェグボ報告書により四つ目の柱として「アイデンティティと多様性」を加えたように、差異と共に生きるといった視点を市民性の主要な要素として位置付けることが必要である。日本においても、多文化社会において共に行動する責任ある市民としての資質・能力の育成をめざした教育の推進が重要である。

・多文化市民の育成にあっては、前述したように、マジョリティである日本人の意識改革とともに、多文化共生のまなざしといった新たな視点からの日本社会の再構築を進めることが求められる。そのためにも、学校教育においては例えば、多文化市民の育成をめざした多文化カリキュラムへの転換、日本人性が構築する文化実践の見える化、異文化間でのコミュニケーション力の涵養、人種差別、性差別などと対峙する偏見や差別の軽減、多文化共生社会を築くために参画し行動する多文化市民の育成などが課題となる（松尾、2013）。

終章　多文化共生のシナリオ——競争から共創へ

（2）学力向上と社会的平等

　第二に、すべての子どもの学力とキャリアを保障する「社会的平等」を進めていくために、例えば以下のことが必要だろう。

・育成すべき学力の中身を再検討することが必要である。OECDのキーコンピテンシーにおいて、三つの能力の一つとして「他者と生きる能力」があげられているように、これからの社会で求められる学力の主要な部分には多文化で共生する力が位置付くと思われる。差異と共に生きるといった能力を、学校教育において培う学力の中核に位置付け、その育成に向けて、子どもの学びの経験をデザインしていくことが求められるだろう。

・多文化の視点に立った、学力向上やキャリア形成に向けての「学校文化を含めた学校全体の改革」を進めることが必要であるだろう。文化的な背景にかかわらず子どもすべてが成功できるという「教師の期待」の涵養、自文化中心のカリキュラムから多文化のカリキュラムへの転換、文化的な背景の異なる子どもの学習スタイルに対応した指導、多文化共生を尊重する学校環境の構築などの試みが必要になってくるだろう。

・主流集団とエスニック集団の間の学力格差や不平等な社会構造を是正していく必要がある。子どもの言語や文化の違いを考慮して、言語指導（第二言語と母語）や適応指導などの「特別なニーズへの対応」を充実して、マイノリティ集団のエンパワーを促すことが必要であろう。諸外国のように、日本語教育の質の高いカリキュラムと標準化された日本語能力の評価法が必要である。さらには、教科指導に対応する日本語教育やバイリンガル教育、多文化クラスにおける学び合う教育実践などの可能性も探る必要があると思われる。

211

（3）自文化の保障と文化的平等

　第三に、すべての子どもの自文化の学習を保障する「文化的平等」を進めていくために、例えば以下のことが必要だろう。

・主体形成の基盤としての言語や文化の重要性を踏まえ、学校の内外においても「自文化の学習」の機会をつくることが重要である。諸外国では、バイリンガル教育、イマージョン教育などが実施されたり、学校外の施設で継承語を学ぶ機会が設けられたりする試みがみられた。日本においても、自文化の継承をめざして、学校教育や社会教育において制度化を試み、すべての子どもが自らの言語や文化を学ぶ権利を保障していくことが重要であろう。

・また、外国人学校や民族学校を支援して、外国につながる子どもが自らの言語や文化を学ぶ機会を充実させていくことが重要である。母語は、主体形成の基盤となるだけでなく、第二言語習得の際の言語能力の基礎であり、親やエスニック集団とのコミュニケーションの手段でもある。継承語・文化を学習する場として外国人学校を位置付け、法的な整備や財政的な援助を進めることで、文化的な平等を保障していくことが必要であろう。

6．おわりにかえて──差異とともに生きる日本をつくるために

　新自由主義的な思潮が世界を席巻し、経済が最優先されている状況の中で、多文化共生は危機的な状況にある。市場原理のみを重視してきたこれまでの動きは、果たして、豊かさやしあわせを私たちにもたらしてくれたのだろうか。自問自答する時期にきているといえる。

　私たちには、多文化共生のシナリオを構想することが急がれてい

る。コンピュータの父であるアラン・ケイの言葉に、「未来を予測するもっとも有効な方法は、未来をつくることである」というものがある。日本の未来をどのように描き、日本の物語をいかに創造していくのか、また、日本という多文化社会を築くどんな市民を育てていくのか、新しい日本のシナリオを共創していくことが求められているのである。

　知識社会においては、創造やイノベーションが必要とされる。多様な人々による協働的な問題解決は、新しいものを生み出すという可能性を秘めている。経済的に成功していくためにも、また、現代社会のさまざまで困難な問題を解決していくためも、多様な人々が参画する創造的な問題解決が求められているのである。

　目先の利益にとらわれることなく、将来を見据えて、違いにかかわらずだれもが居場所のもてる多文化社会を築くプロジェクトを推進していかなければならない。よりよい未来を志向して、多様な人々の間に、壁をつくるのではなく橋をかけ、差異とともに生きる多文化社会という新しい日本を共創していくことが重要なのである。

　自分とは異なる他者を理解することは究極的にはできない。しかし、その現実を受け止めつつ、可能な限り理解しようとどこまでも努力する意思と意欲が必要とされている。多文化共生への試みは、私たち自身の意識改革を伴いながら、だれもが生涯にわたって継続すべき一つのジャーニーといえる。差異にかかわらずだれもがありのままに生きられる社会を実現するためにも、多様な声の参画を保障しながら、多文化共生のシナリオを真剣に共創していく時期にきているのではないだろうか。

（注）

(1) 偏見とは、個人的なものである一方、言説とは、社会的なものである。言説とは、英語ではディスコースというが、「あるトピックについてのお話」を意味すると同時に、「あるトピックを理解する仕方」を提供するものである。言説には、多くの場合、いくつかのバージョンがある。私たちは、それらの選択可能なバージョンの中からある言説を選択して、物事を理解したり話をしたりしている。したがって、自分の考えだと思っていても、それはほとんどの場合、すでにだれかによって語られたものなのである。

(2) 白人性研究とは、1990年以降、歴史学、社会学、カルチュラル・スタディーズ、文芸批評、法学、教育学など多くの学問領域で展開する、「白人であること」の社会的な意味を問う研究の潮流をいう。その背景には、人種主義が根強く残るとともに、人種問題が深刻さを増す中で、その根本的な解決には、人種的な偏見やバイアスといった個人的な要因だけではなく、白人を中心とした社会の構造や文化を問う必要性が認識されるようになったことがある。白人性研究は、意識されない文化的規範、構造的な特権、自己や他者や社会をみる視点など、歴史的社会的に構築されてきた白人性の解明をめざすとともに、その知見をもとにより人種的に平等で公正な社会の実現をめざしている。

(3) 本質主義とは、事物にはそれ自体に固有で根源的な属性としての本質が存在すると考える立場をいう。本質は現実に先立つとする本質主義は、ものごとには本質があり、それは実証的な手続きにより解明できるとする近代科学の基礎を形成してきた。

（文献）

キーリー, B.（濱田久美子訳）『OECD インサイト3　よくわかる国際移民——グローバル化の人間的側面』明石書店. 2010年.

関根政美「オーストラリアの外国人労働者と多文化主義——多文化主義後の社会統合？」有田伸・山本かほり・西原和久編『国際移動と移民政策——日韓の事例と多文化主義再考』東信堂. 2016年. 59-69頁.

松尾知明『アメリカ多文化教育の再構築——文化多元主義から多文化主義へ』
明石書店 . 2007 年.
松尾知明編『多文化教育をデザインする——移民時代のモデル構築』勁草書房 .
2013 年.

Council of Europa, 2008, *White Paper on Intercultural Dialogue:"Living Together As Equals in Dignity"*. Strasbourg: Committee of Ministers, Council of Europa.
Goldberg, D. T. (Eds.). *Multiculturalism: A critical reader*. Blackwell, 1994.
May, S. & Sleeter, C. E. (Eds.). *Critical multiculturalism: Theory and Praxis.* Routledge, 2010.

索引（人名・事項）

あ行

アイヌ 21, 175, 178, 183
アジア太平洋経済協力会議（APEC）
　107
アジェグボ報告書 34, 37
アファーマティブ・アクション 18
アボリジニ 108, 119
アメリカ 75, 189
アメリカ・インディアン 87
アメリカ第一主義 75
アロフォン 92
アングロフォン 92
イスラム教 3, 60
イスラム国（IS）3, 52, 59, 66, 67
異文化間教育勧告 52
イマージョン教育 131, 135
移民 3, 43, 65, 97, 114, 130, 160, 171,
　189, 197
イングリッシュ・オンリー 87
イングリッシュ・プラス 87
インディアン、メティス、イヌイット
　92
英語以外の言語（LOTE）115
英国 27, 188
英語を追加言語とする生徒（EAL）37
エスニック集団 96, 111, 114, 143, 183,
　189, 198
オーストラリア 107, 190

オバマ（Obama, B.）83, 84
オールドカマー 176

か行

外国人学校 183, 212
外国人排斥運動 50
家族の呼び寄せ 50
カナダ 91, 189
カラーコンシャス 79, 83
カラーブラインド 79, 83
ガルバリー報告書 114
韓国 155, 191
キャメロン（Cameron, D.）15, 34
共通基礎（socle commun）62, 69
共和国の理念 59, 64
共和制 64, 68
クリック報告書 34, 36
クワンユー（Kuan Yew, L.）139, 145
継承語 4, 103, 198
継承語教育 54, 70, 103, 198
継承文化 4
ゲストワーカー 47, 50
血統主義 43, 47
公民権運動 81
国民教育 147, 148
国民国家 16, 47
国民投票 27, 123
コミュニティの結束 34

217

コンピテンシー 149, 196

さ行

在韓外国人処遇基本法 163
在日コリアン 21, 178
サッチャー (Thatcher, M.) 33
静かな革命 96, 98
シティズンシップ 4, 32, 112, 148
シティズンシップ教育 34, 36, 68, 101, 117
自文化中心主義 208
社会的結束 4
社会的包摂 34
出生地主義 19, 43, 48, 60
出入国管理及び難民認定法の改正 178
シンガポール 139, 190
人口減少社会 4, 20, 171
人種 16, 75, 83
新自由主義 3, 82, 100, 102, 112, 203, 204
スカーフ事件 66
スワン報告書 33, 38
生産的多様性 112, 115
先住民 16, 80, 96, 103, 108, 115
先住民教育 87

た行

大航海時代 16
大転換 81
第二言語としての英語（ESL）教育 32
第二言語としての韓国語（KSL）教育

165
多から一つへ（U Prubus Unm）79
多人種主義 139, 143
多文化家族 162, 165
多文化家族支援法 164
多文化教育 4, 15, 85, 187, 196
多文化共生 4, 19, 203, 206, 208
多文化主義 4, 15, 52, 91, 112, 114, 129, 133, 190, 203, 204
多文化主義法 99
単一民族国家 159, 165, 175, 176, 181
デニズンシップ 18
テロ 3, 19, 34, 52, 59, 67
統合コース 51
ドイツ 43, 188
トランプ (Trump, D.) 75
トルドー (Trudeau, J.) 91, 101

な行

ナショナリズム 3, 17
難民 3, 50, 132
二言語主義の枠内での多文化主義 100
二言語・二文化主義 96, 98
二文化主義 124, 129, 133
日本 171, 191
日本人性 207
ニューカマー 21, 177
ニュージーランド 122, 190
能力主義 139

索引（人名・事項）

は行

バイリンガル教育 86, 143, 167, 197
白豪主義 107, 112
パケハ 126
ビジブル・マイノリティ 98, 187
非宗教性（ライシテ）64, 68
ブラウン判決 81
フランコフォン 92
フランス 59, 188
ブリティシュネス 32, 37
平行社会 19
ホワイトネス研究 207

ま行

マイノリティ 4, 33, 103
マオリ 124, 126, 135
マグレブ三国（アルジェリア、チュニジア、モロッコ）60, 65
マクロン (Macron, E.) 68
マジョリティ 3, 111
メルケル (Merkel, A.) 15, 52

や・ら・わ・ん行

より完全な統合 80
レーガン (Reagan, R.) 82
ワイタンギ条約 128, 130

A～Z

BREIXT 3

ESOL 135
EU 離脱 27
JSL カリキュラム 182-183
NCLB（No Child Left Behind）法 86
PISA ショック 54

【著者紹介】

松尾知明（まつお・ともあき）

法政大学キャリアデザイン学部教授。国立教育政策研究所総括研究官等を経て現職。専門は、多文化教育とカリキュラム。著書に『「移民時代」の多文化共生論』『21世紀型スキルとは何か』『多文化教育がわかる事典』『多文化共生のためのテキストブック』『アメリカ多文化教育の再構築』（以上、明石書店）、『多文化教育をデザインする』（編著・勁草書房）、『アメリカの現代教育改革』（東信堂）、『未来を拓く資質・能力と新しい教育課程』（学事出版）、『新版　教育課程・方法論』（学文社）等多数。

多文化教育の国際比較
――世界10カ国の教育政策と移民政策

2017年12月20日　初版 第1刷発行
2020年 8月31日　初版 第2刷発行

著　者　松　尾　知　明
発行者　大　江　道　雅
発行所　株式会社 明石書店
〒101-0021 東京都千代田区外神田6-9-5
電話03（5818）1171
FAX 03（5818）1174
振替　00100-7-24505
https://www.akashi.co.jp/

進行　　寺澤正好
組版　　デルタネットデザイン
装丁　　明石書店デザイン室
印刷　　株式会社文化カラー印刷
製本　　協栄製本株式会社

（定価はカバーに表示してあります）　　　　ISBN978-4-7503-4607-6

JCOPY〈出版者著作権管理機構　委託出版物〉
本書の無断複製は著作権上での例外を除き禁じられています。複製される場合は、そのつど事前に、出版者著作権管理機構（電話03-5244-5088、FAX03-5244-5089、e-mail: info@jcopy.or.jp）の許諾を得てください。

外国人の子ども白書
権利・貧困・教育・文化・国籍と共生の視点から
荒牧重人・榎井縁・江原裕美・小島祥美・志水宏吉・南野奈津子・宮島喬・山野良一編
◎2500円

異文化間教育　文化間移動と子どもの教育
佐藤郡衛著
◎2500円

多文化共生キーワード事典【改訂版】
多文化共生キーワード事典編集委員会編
◎2000円

多文化共生のための異文化コミュニケーション
原沢伊都夫著
◎2500円

対話で育む多文化共生入門
ちがいを楽しみ、ともに生きる社会をめざして
倉八順子著
◎2200円

多文化社会の偏見・差別　形成のメカニズムと低減のための教育
加賀美常美代・横田雅弘・坪井健・工藤和宏編著　異文化間教育学会企画
◎2000円

多文化共生政策へのアプローチ
近藤敦編著
◎2400円

多文化社会の教育課題　学びの多様性と学習権の保障
川村千鶴子編著
◎2800円

人権と多文化共生の高校
外国につながる生徒たちと鶴見総合高校の実践
坪谷美欧子・小林宏美編著
◎2200円

思春期ニューカマーの学校適応と多文化共生教育
実用化教育支援モデルの構築に向けて
潘英峰著
◎5200円

ヨーロッパにおける移民第二世代の学校適応
スーパー・ダイバーシティへの教育人類学的アプローチ
山本須美子編著
◎3600円

トランスナショナルな「日系人」の教育・言語・文化
過去から未来に向かって
森本豊富・根川幸男編著
◎3400円

トランスナショナル移民のノンフォーマル教育
女性トルコ移民による内発的な社会参画
丸山英樹著
◎6000円

諸外国の教育動向　2019年度版
文部科学省編著
◎3600円

批判的教育学事典
マイケル・W・アップル、ウェイン・アウ、ルイアルマンド・ガンディン編
長尾彰夫・澤田稔監修
◎25000円

国際結婚と多文化共生　多文化家族の支援にむけて
佐竹眞明・金愛慶編著
◎3200円

〈価格は本体価格です〉

多文化共生のためのテキストブック
松尾知明著
◎2400円

多文化教育がわかる事典
松尾知明著
ありのままに生きられる社会をめざして
◎2800円

文化接触における場としてのダイナミズム
異文化間教育学大系2
異文化間教育学会企画
加賀美常美代・徳井厚子・松尾知明編
◎3000円

高校を生きるニューカマー
志水宏吉編著
大阪府立高校にみる教育支援
◎2500円

ニューカマーと教育
志水宏吉、清水睦美編著
学校文化とエスニシティの葛藤をめぐって
◎3500円

多文化ソーシャルワークの理論と実践 [オンデマンド版]
石河久美子著
外国人支援者に求められるスキルと役割
◎2600円

新 多文化共生の学校づくり
山脇啓造、服部信雄編著
横浜市教育委員会、横浜市国際交流協会協力
横浜市の挑戦
◎2400円

移民政策の形成と言語教育
許之威著
日本と台湾の事例から考える
◎4000円

現代ヨーロッパと移民問題の原点
宮島喬著
1970、80年代、開かれたシティズンシップの生成と試練
◎3200円

外国人の人権へのアプローチ
近藤敦編著
◎2400円

多文化共生のためのシティズンシップ教育実践ハンドブック
多文化共生のための市民性教育研究会編著
◎2000円

グローバル化する世界と「帰属の政治」
ロジャース・ブルーベイカー著
佐藤成基・髙橋誠一・岩城邦義、吉田公記編訳
移民・シティズンシップ・国民国家
◎4600円

自治体がひらく日本の移民政策
毛受敏浩編著
人口減少時代の多文化共生への挑戦
◎2400円

異文化間を移動する子どもたち
岡村郁子著
帰国生の特性とキャリア意識
◎5200円

移民の子どもと学校
OECD編著
布川あゆみ・木下江美・斎藤里美監訳
三浦綾希子・大西公恵・藤浪海訳
統合を支える教育政策
◎3000円

[増補] 新 移民時代
西日本新聞社編
外国人労働者と共に生きる社会へ
◎1600円

〈価格は本体価格です〉

「移民時代」の多文化共生論

想像力・創造力を育む14のレッスン

松尾知明 著

◆四六判／並製／280頁 ◎2200円

入管法改正を契機に実質的な移民政策へと舵をきった日本において、多様性の問題にどのように向き合い、他者と共に生きていけばよいのかを考え、多文化共生の未来を切り拓く想像力・創造力を14の章によって養う、包括的かつ平易なテキストブック。

●内容構成●

第Ⅰ部　多文化共生について考える

第1章　一人ひとりが異なると同時に同じ私たち——多様性と同一性
第2章　激しく変化する現代社会——多文化をめぐる見方・考え方
第3章　人を理解するとは——他者理解と自己理解
第4章　偏見と差別——マジョリティとマイノリティ
第5章　多様性との出会い——ヒューマンライブラリー
第6章　人であることの権利——多文化社会と人権
第7章　日本人性を考える——マジョリティの意識改革

第Ⅱ部　移民時代の生き方を考える

第8章　移民時代の到来——入管法の改正
第9章　在日外国人と共に生きる——青丘社ふれあい館の事例から
第10章　イスラムを知ろう——信仰をもつ人々
第11章　国際的な人の移動——海を渡った日本人
第12章　国際的につながる子どもたちと教育——言語と文化の支援
第13章　移民政策の国際的動向——直面する社会統合の課題
第14章　移民時代を生きる想像・創造力——バリアフリーとユニバーサルデザイン

21世紀型スキルとは何か

コンピテンシーに基づく教育改革の国際比較

松尾知明 著

◆A5判／並製／288頁 ◎2800円

グローバルな知識基盤社会で必要とされる21世紀型スキルコンピテンシー育成に取り組むEU、北米、オセアニア、アジア諸国の教育改革の動向を概観し、その特徴や課題を明らかにすることで、これからの日本の教育をデザインするためのヒントを提示する。

●内容構成●

第1章　学校教育の革新を求めて
第2章　域内でキー・コンピテンシーの育成をめざすEU諸国の教育改革
第3章　21世紀型スキルの影響の大きい北米の教育改革
第4章　先進的に取り組むオセアニアの教育改革
第5章　世界トップレベルの学力を実現したアジア諸国の教育改革
第6章　日本の教育システムの革新に向けて

〈価格は本体価格です〉